지음 | 이계주 외

한국경제신문

성공한 기업가를 꿈꾸는 젊은이들에게

대를 이어 성공적으로 기업을 이끌어 나가는 것은 경쟁력 있는 장수기업으로 가는 여정의 첫걸음에 해당된다. 2008년 베이징올림픽 남녀 400m 계주에서 바통 전달 실패로 결선 진출이 좌절된 미국을 보면서, 가업승계의 중요성을 새삼 느끼게 되었다. 새로운 기업을 많이 창업하는 것도 중요하지만, 창업 이후 온갖 정성과 자원을 투자하여 어렵게 일군 기업의 지속성장을 가능케 하는 것 역시 중요한 국가적 과제에 해당된다고 할 수 있겠다. 가업승계는 '부(富)의 대물림'이 아니라 '제2의 창업'으로서 새로운 일자리 창출과 국민경제 활력 유지에 크게 기여하기 때문이다.

산업화의 역사가 우리보다 앞선 선진국에서는, 여러 대(代)를 이어온 가족기업 형태의 중소기업들이 해당 분야에서 최고 수준의 경쟁력을 보유하고 세계시장을 주름잡고 있는 경우가 허다하다. 일본만 하더라도 100년 이상 이렇게 이어져 내려오는 중소기업이 5만 개에 달하고, 독일의 경우에도 세계시장을 누비는 작지만 강한 장수기업, 소위 '히든 챔피언'(Hidden Champion)이 1,200개가 넘는다. 모두 다 성공적으로 기업을 이어 왔기 때문에 가능한 일이다.

사회전반의 급격한 고령화 트렌드와 맞물리면서 지금 창업 1세대 CEO는 차세대 경영자에게 사업을 승계하는 문제로 심각한 고민에 빠져 있다. 기업은행장 취임 후 '타운 미팅'을 28회나 이어오면서 중소기업인들과 수시로 만나 현장의 목소리를 듣고 있는데, 요즈음 이들이 얘기하는 커다란 고민 중의 하나가 바로 가업승계 문제이다.

한국경제신문에서 '대를 잇는 가업'이라는 타이틀로 2년째 연재해오고 있는 가업승계 성공스토리에 많은 관심을 갖고 보게 되었는데, 때마침 시리즈를 모아서 책으로 발간하게 되어 참으로 기쁘다.

이 책에 소개된 39개 기업은 온갖 어려움을 극복하면서 대를 이어 성공한 모범기업들이다. 어떻게 성공할 수 있었는지에 대한 경영노하우를 기업 사례별로 소개하고 있어 경영현장에서 깊이 음미해볼 만한 귀중한 지침서가 될 것이다. 여기에는 경영학 이론에서 배울 수 없는 산 체험들이 많이 담겨져 있다.

특히 기자들이 발로 뛰면서 취재한 다양한 현장경험을 바탕으로 알기 쉽게 정리한 내용이기에 더욱 가슴에 와 닿는다. 산업화 초기의 창업 여건과 성장과정에서의 고뇌, 그리고 기업마다 각별한 메시지를 던져주는 장수비결들은 아주 흥미롭다.

지금처럼 격변하는 환경에서는 이 작은 책이 장수기업으로 성공하고자 하는 중소기업뿐만 아니라 모든 중소기업들의 앞날을 비추는 등대 역할을 할 것으로 보인다. 또한 성공한 기업가를 꿈꾸는 이 땅의 젊은이들에게는 꿈과 희망을 불어넣어 줄 것이라 믿는다.

아무쪼록 대를 이어 성공한 젊은 부자들에 대한 관심과 그들의 노하우가 널리 전파되고, 명문 장수기업들이 많이 탄생해서 국가경제의 대들보 역할을 할 수 있기를 간절히 기대하는 바이다. 중소기업 파이팅!

IBK 기업은행장 윤용로

장수기업은 우리 경제의 미래다

매주 금요일마다 장수기업들의 성공담을 꼼꼼히 소개하는 '대를 잇는 가업' 시리즈가 연재된 지 벌써 2년째다. 한국경제신문이 국내 언론으로는 처음 시도한 것으로 독자들로부터 좋은 반응을 얻고 있는 대표적인 장수 기획물로 칭찬할 만하다.

우리나라의 중소기업 평균 업력은 11년 6개월로 매우 짧다. 100년 넘게 번영해온 기업은 이 책에서 소개된 〈전통예산옹기〉 등 서너 개에 불과할 정도다.

그러나 일본은 100년 이상 장수기업이 5만 개나 된다. 우리나라에 장수기업이 드문 이유를 산업역사가 짧아 오래된 기업이 탄생할 시간적 여유가 없었다는 데서 찾기도 하고 기업인을 존중하지 않는 사회적 인식에서 찾기도 한다.

그 이유야 어떻든 지금 중요한 것은 현재 우리나라의 고령화가 빠르게 진행되고 있다는 점이다. 이러한 사회 전반의 고령화 추세와 더불어 중소기업 경영자의 고령화 또한 심각하다.

1960~70년대 산업시대에 창업해 한강의 기적을 창조했던 경영 1

세대들이 평생을 바쳐 일군 기업을 이제 2, 3대에게 성공적으로 물려줘야 하는 시기가 도래한 것이다.

기업을 창업해 단기적으로 매출을 늘리고 수익을 높일 수는 있어도 이를 지속적으로 유지하는 것은 쉬운 일이 아니다. 오일쇼크, 외환위기 등 경제위기는 차치하더라도 신규 경쟁자가 끊임없이 진입하고 기존 기업과도 맞서야 하는 치열한 경영환경을 감안하면 지속성장 자체가 불가능하다고 할 수도 있다.

하지만 이런 가운데서도 대를 이어 기업을 지속적으로 성장시켜 장수기업의 길을 걷고 있는 기업들이 있다. 이 책에 소개된 성공기업 대부분이 뛰어난 기술과 경영역량을 지니고 있으며 국내외 시장에서 확실한 경쟁우위를 점하고 있는 '국가대표' 기업들이다.

필자는 2007년 중소기업중앙회 회장에 취임한 이래 줄곧 중소기업의 원활한 가업승계를 위한 제도 마련과 문제점 해소에 노력해 왔다. 그 결과, 가업승계 관련 세제를 개편해 가업상속 공제한도를 1억 원에서 100억 원까지 확대하고 피상속인의 사업영위 기간도 15년에서 10년으로 완화하는 성과를 이끌어 냈다.

특히 가업승계를 단순한 '부의 대물림'으로 인식하는 사회적 편견을 해소하여 고용 유지창출, 고유기술의 발전계승이라는 가업승계의 순기능을 알리는 데도 남다른 노력을 기울였다고 생각한다.

지난해부터는 가업승계지원센터를 설치해 가업승계와 관련한 정보제공 및 상담, 경영후계자 네트워크 구축, 성공사례 발굴 및 홍보 등 성공적인 가업승계를 위한 지원활동을 강화하고 있다.

또한 책자에 소개된 성공사례들이 널리 알려지면서 이들 기업인을 격려할 필요성을 느끼게 되어 '명문 장수기업인상'을 최초로 제정 시행해 오고 있다.

이 책자는 전통 업종에서 최첨단 업종에 이르기까지, 소기업에서 중견기업으로 성장하기까지, 그 회사의 성장 과정을 상세한 자료를 동원하여 알기 쉽게 기술하고 있다. 취재 기자들이 전국 각 지역을 돌며 아침부터 발품을 팔고 저녁에는 경영자와 소주잔을 기울이며 나눈 진솔한 이야기를 수첩에 빼곡히 적은 것을 기사화한 것으로 기자들의 땀과 혼이 들어간 결과물이다.

장수기업의 주옥같은 성공스토리를 통해 독자들은 기업의 핵심역량, 본업중시, 위기관리, 고객신뢰경영, 글로벌화 등의 성공전략을 통찰할 수 있을 것이다. 또한 경영승계를 준비 중인 경영후계자들에게는 기업 경영의 귀중한 지침서로 자리매김할 것이다.

그동안 취재에 열정을 쏟은 기자들의 노고에 경의를 표하며 이 책을 통해 우리나라의 많은 독자들이 우리의 미래라 할 수 있는 장수기업의 중요성을 다시 한 번 되새길 수 있기를 기대한다.

중소기업중앙회 회장 김기문

　　지난날 재산을 물려받는 것에 대해 지탄의 대상이 되었던 게 우리의 풍조였다. 하지만 여기에 대해 색안경을 끼고 쳐다볼 일만은 아니다. 대를 잇는다는 것이 결코 부(富)를 잇는다는 말은 아니다. 왜냐하면 머리에 책임을 씌우고 두 어깨에 멍에를 짊어지고 가시밭길을 헤쳐나가도록 무거운 짐보따리를 안았기 때문이다.

　　인터뷰를 한 젊은 부자들의 상당수는 "왜 이런 고생을 해야 했는지 모르겠다."라며 대를 이어 기업을 경영하는 것에 대한 후회를 털어놓기도 했다. 그만큼 남들이 이해하지 못하는 뼈저린 고통과 피나는 노력이 있었다는 얘기다.

　　이 책은 장인정신으로 성공한 젊은 부자들의 글로벌 경영 마인드와 후계 경영자를 길러내기 위해 노력하는 진솔한 이야기가 담겨 있다.

　　독자들은 이 책을 읽음으로써 대를 이어 성공한다는 것이 단순히 물려받은 재산으로 부자가 되는 것이 아니라 불속을 드나들며 담금질을 통해 강해지는 무쇠처럼, 그들 역시 질곡을 이겨내고 참일꾼으로 탄생한다는 것을 알게 될 것이다. "직원들이 다 퇴근한 뒤 아버지에게 회초리로 맞기도 했다."라는 어느 후계자의 목이 메어 흔들리던 목소리가 지금 귓가에 울린다.

일본에는 100년 이상된 기업 수만 5만 개가 넘다고 한다. 이 책에 소개된 기업들처럼 대한민국에도 소신 있는 경영 철학과 차별화된 경영 전략으로 세계 속에 우뚝 서는 장수기업이 많이 탄생하기를 희망한다.

오늘도 산업 현장에선 선배 경영자들의 값진 경험과 노하우를 배우며 차세대 젊은 부자를 꿈꾸는 역군들이 구슬땀을 흘리고 있다. 세계 최강의 산업 경쟁력을 가진 대한민국의 기업을 짊어질 미래의 주인공은 바로 당신이다.

Contents

Chapter 1 사양 업종은 없다

Chapter 4

옹고집으로 100년을 버텼다

Chapter 5

해외에서 더 유명한 장인기업

사양 업종은 없다

말표산업

신현대

신광바둑

이화산업사

매표화학

에넥스

성남기업

반짝반짝 '광' 내온
42년 구두약 외길

1대 정두화
2대 정연수
3대 정홍교

1967년 우리나라 최초의 구두약으로 탄생한 '말표구두약'은 지금까지 연간 1300만 개가 팔릴 정도로 국내 구두약 시장을 점유하고 있다. 군납업자였던 고(故) 정두화 씨가 1955년 창업한 〈말표산업〉은 1988년 아들인 정연수 현 대표에게 경영이 승계됐다. 아들은 '말표구두약'의 명성에 안주하지 않고 자동차 용품, 가정용 왁스, 세제 등으로 사업 영역을 넓혔다. 그렇다고 42년간 이어온 구두약 사업을 소홀이 한 적은 없다. 그 힘을 바탕으로 지금도 연간 180억 원(구두약 매출 130억 원 포함)의 매출을 올리며 세계 10여 개국에 구두약을 수출하고 있다. 〈말표산업〉은 정연수 대표의 아들(정홍교, 28)이 3대째 사업을 이어갈 예정이다.

미제 구두약 보고 국산화 결심

〈말표산업〉의 1대 창업자 정두화 씨는 어린 시절 머슴살이를 하며 두부, 콩나물을 재배해 시장에 팔았다. 그것이 사업의 시초가 되어 1955년 〈말표산업〉의 전신인 〈태양사〉를 세웠고 친구와 군납업에 뛰어들면서 본격적인 사업을 벌였다. 그러던 그가 처음 구두약에 관심을 보인 것은 1965년 미제 구두약을 사용하는 구두닦이들을 보고 나서부터였다. 당시 '우리나라가 저런 것 하나도 못 만드나' 하는 생각이 들었고 이후 구두약 사업을 결정했다. 다행히 군납업으로 인연을 맺은 박태준 포스코 명예회장(군납 당시 25사단참모장)이 그 시절 유명하던 일본의 〈3H 구두약〉으로부터 기술을 전수받을 수 있게 다리를 놓아주었고, 2년 뒤에 자체 기술로 구두약을 개발하는 데 성공했다.

그때부터 구두약 하면 '말표'라는 공식이 생겨났다. 물론 지금도 군용으로 납품되는 구두약은 전부 '말표'다. 이렇듯 국민 브랜드로 자리매김한 '말표'라는 이름은 사실 박태준 씨가 지어준 것인데, 당시엔 말가죽 구두를 최고로 쳤기 때문에 구두약 상표 역시 말가죽을 떠올리는 '말표'로 정한 것이다. 그 후 몇 년 안에 '말표구두약'은 국내 시장에서 외제 구두약을 완전히 밀어냈다. 이렇게 성공할 수 있었던 것은 정두화 씨가 고집스럽게 신념을 고수했기 때문이다. 실예로 '말표구두약'이 탄생한 초기 몇 년을 제외하고 정두화 씨는 절대 광고를 하지 않았다. '광고비용을 소비자에게 부담시키느니 차라리 그 돈으로 품질을 높이겠다'라는 경영철학 때문이었다. 그리고 직원들과 자식들에겐 '사람이 늘 착하게만 살 수는 없지만 정직함은 잊지 말아야 한다'라고 늘 강조했다.

그는 어려움에 처한 다른 사람들에게 대가 없이 돈을 줄 만큼 후했지만 자식들에게는 혹독하리만큼 인색했다. 아버지가 하도 용돈을 주지 않아 아들 정연수 씨는 청바지를 도매로 떼어다 팔아서 용돈을 마련하기도 했다. 이렇듯 그는 자식들에게 돈이 얼마나 귀한지를 몸소 알려주곤 했다.

정두화 씨는 '말표구두약'이 한참 인기를 끌던 1970년대 초 53세의 나이로 돌연 사업에서 은퇴했다. 사라져가는 전통 장맛을 안타까워 하던 그는 전통 장류 보존사업과 장학회 등 농촌사업에 여생을 보내 기로 결심한 것이다. 그 후 경기도 양평군 용문면 삼성리에 수진원 (修眞園)이라는 농장을 지었고 2006년 작고하기 전까지 전통 장류를 지키는 장인으로도 이름을 남겼다.

선배들 땀으로 먹고살 수는 없다

〈말표산업〉의 후계자는 차남인 정연수 씨다. 사실 그는 대학 졸업 후 선배와 동업으로 식품납품업을 시작했다. 차남인데다 큰 사업을 할 재목이 못 된다고 스스로 생각해 아버지의 기업을 물려받을 생각 은 추호도 없었던 것이다.

처음에 정두화 씨는 은퇴 후 10년 가까이 전문경영인에 회사 경영 을 맡겼다. 그러던 1980년 정연수 씨는 아버지에게 뜻밖의 입사 제 의를 받았다. 정두화 씨는 매사에 긍정적이고 아버지에게 의지하지 않으려는 아들의 자세에 높은 점수를 준 것이다. 결국 아버지의 뜻 에 따라 사업을 물려받았다. 정 대표는 1988년 대표직에 취임하기 전까지 일선에서 구두닦이들과 막걸리를 마시며 동고동락을 하고 여공들과 구두약 생산 작업을 하면서 경영수업을 받았다.

정 대표는 취임 이후 갈수록 구두약 판매가 줄어드는 상황에 직면

'말표구두약'을 들고 환하게 웃는 정연수 대표

하면서 가정용 왁스, 세제, 자동차용품 등으로 사업을 확장했다.

1992년 경기도 남양주시 덕소에 있던 본사와 공장을 현재의 인천 남동공단으로 확장 이전하고, 1995년에는 중국 단둥(丹東)에 합작투자 회사도 세웠다. 1998년에는 가정 및 건물용 광택제와 세제를 세계 최대 가정용품 제조사인 미국의 〈존슨〉사에 공급하는 제휴 계약을 맺기도 했다. 구두약을 세계 10여 개국에 수출하게 된 것도 이때의 성과다. 최근에는 전량 일본에서 수입해오던 발광다이오드(OLED) 소자용 자체발광물질인 '유기EL'을 생산, 〈삼성SDI〉에 납품하며 사업을 번창시키고 있다.

말표산업 2대

정연수

"제가 내야 하는 상속세가 30억 원이에요. 2006년 부과된 상속세를 2011년까지 5회 분할 납부하겠다고 신청했는데 개인적으로 내려니까 부담스럽네요. 선대가 성실하게 이끌어온 가업을 승계 받으면 후대가 세금을 더 내야 하는 건 문제가 있다고 생각합니다."

정연수 대표는 현행 상속세 제도의 문제점을 이렇게 꼬집었다.

"가업을 성공적으로 승계한 중소기업은 산업구조를 튼실하게 뒷받침하는 주춧돌이 됩니다. 경영권을 승계하는 기업에 오히려 더 많은 상속세를 물리는 현행 조세 구조는 세금 부담으로 기업을 팔게 하는 상황으로 몰고 있습니다.

독일에선 여러 혜택을 받아 가업의 75%가 이어지고 있습니다. 가업 승계 기업은 노하우를 쌓아 기업가 정신을 고취함으로써 진정한 경쟁력을 창출할 수 있지요."

〈말표산업〉은 최근 정 대표의 아들인 정홍교 씨(28)가 사업을 물려받겠다고 나서 3대를 이어가게 됐다.

"가업이 이어져서 기쁘지만 아들의 상속세 부담이 걱정됩니다. 힘들겠지만 선대가 잘못 물려줬다는 말을 듣지 않게 아들이 잘할 겁니다.”

이 정도면 영예로운 은퇴가 되지 않겠느냐는 질문에 정 대표는 “어르신(정두화 창업주)이 100점이라면 저는 50점짜리 경영자입니다. 저는 구두약을 넘어서는 제품을 만들지 못했어요.”라고 말했다.

정 대표는 앞으로 3년간 아들에게 경영수업을 시킨 뒤 사업을 물려주고 선친이 일군 수진원 농장 경영에 전념할 예정이다. 수진원 농장은 66000제곱미터의 콩밭에서 유기농으로만 농사를 지어 장을 담그는데 장독 수만 600여 개에 이른다. 최근에는 만화가 허영만 씨의 작품《식객》에 소개되기도 했다.

“비싼 유기농 국산 콩만 사용하는 데다 장은 한 번 담가 1년 사업하는 거라 사실 한 해 6,000만 원 가까이 적자를 봅니다. 하지만 어르신이 무슨 일이 있어도 농장은 지키라고 하셔서 그 뜻을 따르고 있어요.”

정 대표는 장류 판매사업과 더불어 농장 방문객들에게 장 담그는 법도 전수하고 있다. 이를 위해 농장에 장 연수원과 펜션을 지어 전통 장류에 대해 교육하는 일을 계획하고 있다. 장독 수도 1000개까지 늘릴 생각이다.

“된장 팔아서 돈 벌려는 것이 아니라 농장도 대를 이어가려면 최소한 적자는 보지 않아야 하니까요.”

종이박스에 담은 믿음과 신뢰

● 1대 박성근

● 2대 박정순

종이상자 제조업은 부침이 심하다. 상품 수요 변화에 따라 거래처에서 발주하는 박스 물량이 요동을 치기 때문이다. 이익도 박해 수지를 맞추기도 쉽지 않다. 원자재 가격이 단기간에 폭등할 때 거래처가 납품단가를 올려주지 않아 부도가 나기도 한다. 이런 어려움을 반영하듯 그동안 수많은 종이박스 업체들이 생겼다가 사라지고 소유주도 바뀌어 왔지만 신현대(대표 박정순)는 대를 이어 40년 넘게 종이박스 생산만을 고집해온 천안 토박이 기업이다. 〈KT&G〉를 비롯해 〈LG생활건강〉, 자동차 배터리로 잘 알려진 〈아트라스비엑스〉, 부탄가스를 생산하는 〈태양산업〉 등이 대표적인 납품처이며, 현재 60여 개 기업에 연간 500만 개가 넘는 종이박스를 공급 중이다.

최초의 공장은 야전천막

신현대 창업주인 박성근 씨(94)는 젊은 시절 돈을 벌기 위해 일본으로 건너가 탄광에서 광부 일을 시작했다. 그곳에서 온갖 고생을 다한 그는 해방 이후 고향인 천안으로 돌아와 농사를 짓다가 그만두고 1965년 본격적으로 천안 시내에 〈이화지기〉라는 이름의 종이박스 공장을 세

윘다. 〈이화지기〉를 세우게 된 계기는 당시 문방구를 운영하던 처남의 권유 때문이었다. 처남은 종이박스 공장 사업이 '장래가 유망하다'라고 적극 추천했다.

공장이라고 해봤자 초가집 앞마당에 미군용 야전천막을 쳐놓고 양복, 구두, 케이크를 담는 종이박스를 만든 것이 전부였다. 그 후 그는 종이를 물에 풀고 접착제를 넣은 뒤 다시 이를 압축시켜 말리는 작업을 끝없이 반복했다. 그러던 중 1967년 골판지가 국내에 처음 알려진 뒤 골판지 원단을 구입, 재단을 거쳐 박스로 제작했다.

1970년대에 들어 국내 산업이 급성장하자 포장재 수요 역시 급증했다. 천안 지역에서 가장 큰 제과업체인 〈대신제과〉에 호두과자 포장박스를 매일 6000개씩 납품하면서 연 3,000만 원이 넘는 매출을 올렸다. 주변에 제조업체와 수출업체들이 하나둘씩 들어서면서 종이박스 납품 문의가 줄을 잇자 그는 공장도 새로 짓고 거래처도 점점 늘려갔다. 당시 〈이화지기〉는 천안의 유일한 박스 생산업체였기 때문에 매출액의 50%를 순이익으로 남길 수 있었다.

시간이 흘러 2대인 박정순(53)씨가 1980년 가업을 이어받았다. 3남 3녀 중 장남인 박 대표는 사실 초등학교 3학년 때부터 공장 일을 도왔다. 어느 날 아침에 일어나 보니 방한복을 입고 천막공장에서 밤새도록 일한 아버지 코 밑에 고드름이 달린 것을 보고 집안일을 돕겠다고 마음먹은 것이었다.

결국 24세의 어린 나이에 박 대표는 천안농업고등학교를 졸업하고 군대에 다녀와 아버지의 가업을 인수인계 받았다. 어릴 적 어깨너머로 배

종이상자를 살펴보는 박성근 씨(왼쪽)와 2대 정순 씨

운 기술을 활용하며 천직이라 생각해 도전했던 것도 있지만 아버지의 연세가 이미 환갑을 훌쩍 넘었기 때문에 누군가는 회사를 이어가야 한다고 생각했기 때문이다. 그런 결심이 있은 후 그는 천안에서 조치원까지 자전거로 물건을 싣고 배달을 가는 등 몸소 고생을 사서 하며 가업을 이어갔다.

성실과 신뢰로 위기 극복

박 대표는 경영을 책임진 뒤 무엇보다 가내수공업 형태의 회사를 현대적인 기업 형태로 탈바꿈시키는 데 앞장섰다. 그는 1985년 사명을 〈현대포장산업사〉로 바꾸고 5,000만 원을 들여 최신 기계 설비를 도입해 생산량을 확대했다. 하지만 위기가 찾아왔다. 1985년 큰 홍수로 공장 옆 하천이 범람해 공장이 물에 잠긴 것이다. 기계는 가동을 멈추었고 기계, 제품, 원단까지 모두 버려 매출 3억 원짜리 회사에 3,000만 원의 피해가 발생했다. 설상가상으로 1986년에는 가장 큰 거래처 두 곳마저 부도가 나면서 1억 5,000만 원의 어음이 휴지 조각으로 변했다.

당시엔 모든 것을 포기하고 싶을 만큼 절망적이었다. 하지만 직원들이 용기를 북돋았고 또 너나 할 것 없이 자발적으로 밤샘 작업을 해 납기일을 맞추었다. 게다가 오랫동안 거래해온 대기업 관계자들도 현장에 직접 와본 후 모든 거래를 현금 결제로 전환해준 덕분에 회생할 수 있었다. 그가 재기에 성공할 수 있었던 것은 결국 직원들과의 신뢰, 거래업체와의 신뢰 덕분이었다.

이후 박 대표는 생산성을 높이기 위해 끊임없이 새로운 기술과 공정을 개발했다. 대표적으로 골판지 두 장의 양 끝을 붙이는 공정을 한 번에 할 수 있는 '이압접착기'를 개발해 이전보다 시간당 10배가 넘는 상자를 생산했다. '이압접착기'가 있는 박스 제조업체는 〈신현대〉가 유일했다.

2003년에는 14850제곱미터의 부지로 공장을 확장, 이전하면서 '컬러 오프셋'을 도입했다. 이제껏 외주를 주던 컬러 인쇄 공정을 자체적으로 해결해 주문에서 납기까지 10일 정도 걸리던 것을 5일 이내로 단축했다. 이런 박 대표의 끊임없는 노력으로 〈신현대〉는 매년 꾸준한 매출 성장을 이어가고 있다. 비록 원자재 가격 폭등으로 골판지 가격이 50%가량 올라 이윤이 많이 떨어진 것은 사실이지만 생산성을 더욱 높이고 꾸준히 기술개발을 통해 국내 최고의 종이박스 회사로 자리매김 했다.

신현대 2대

박정순

"주변 사람들은 저보고 사업이 아니라 면사무소 서기하면 딱 맞을 성격이라고 하더군요. 유난히 수줍음이 많은 데다 말주변도 없어 가업이 아니었다면 사업은 쳐다도 안 봤을 거예요.

얼핏 보면 단순해 보이는 종이박스도 혁신적인 기술과 디자인을 적용하면 높은 부가가치를 만들어낼 가능성이 충분하기 때문에 고급화에 승부를 거는 수밖에 없어요. 소품종 대량생산은 진입 장벽이 낮아 너도나도 뛰어들 수 있기 때문에 이윤이 없지만 약간의 변화를 줘 특이하면서도 미적으로 뛰어난 종이박스를 만든다면 개당 10만 원 이상을 능히 받을 수 있습니다."

실제로 〈신현대〉에서 만든 수출용 반도체 포장 종이박스는 개당 14만 원에 팔린다. 이 박스는 튼튼한 3중 골판지를 외벽에 사용한 데다 바닥에는 종이로 만든 팔렛을 장착해 목재 포장보다 더 안전하게 제품을 보호할 수 있다. 이것이 바로 〈신현대〉의 미래가 밝은 이유다.

"일본에서는 단순하지만 뛰어난 디자인의 종이 제품으로 특허를 많이 내고 있습니다."

박 대표는 단적인 사례로 일본에서 가져왔다는 골판지로 만든 옷걸이를 보여주었다.

"골판지로 만든 옷걸이는 가벼우면서도 튼튼하며 다양한 디자인까지 가능하죠. 골판지 옷걸이는 쉽게 만들 수 있을 것처럼 보이지만 아직까지 우리나라에는 이 같은 옷걸이를 만들 수 있는 기술이 없습니다."

골판지를 모양대로 자르기 위해 압착하는 과정에서 골판지의 골들이 원래 형태를 유지하기 어렵기 때문이다.

"앞으로 레이저 등을 활용한 첨단 가공기술을 적용해 종이박스 외의 고부가가치 종이 제품 개발에도 힘쓰려고 합니다."

그는 제조업체를 경영하면서 가장 어려운 점으로 인력 부족을 꼽았다. 종이박스 제조업도 대부분의 중소 제조업체와 마찬가지로 납기를 맞추기 위한 잔업이 많고 작업장 환경도 좋지 않아 사람들이 기피하는 직종이다. 그래서 그는 적은 월급에도 성실히 일하고 있는 외국인 산업 연수생들에게 항상 고마움을 느낀다.

이 회사에는 총 33명의 직원 중 베트남, 우즈베키스탄, 태국에서 온 11명의 직원들이 생산직에서 근무 중이다.

박 대표는 둘째 아들(박상은, 2009년 3월 입대)이 졸업 후 가업을 이어갈 것이라고 귀띔했다. 일찍이 아버지 사업에 관심을 보여 왔고 산업 디자인을 전공한 만큼 유심히 지켜보고 있다는 것이다. 그런 그의 바람만큼 〈신현대〉가 영원히 장수하는 기업으로 우뚝 서길 기대해 본다.

건강까지 생각하는 웰빙 바둑알

우리가 알고 있는 바둑알의 색깔은 흑색과 백색이다. 하지만 이제는 아니다. 컬러 바둑알이 나오고 있기 때문이다. 홍보 부족으로 그렇게 대중화되지는 못했지만 흑백의 통념을 깬 바둑알이 있다는 것 자체가 매우 흥미롭다. 이 제품을 탄생시킨 곳이 바로 〈신광바둑〉이다. 웬만한 가정이나 회사에서 볼 수 있는 바둑알의 십중팔구는 〈신광바둑〉 제품이다. 지금도 하루에 4톤 정도 분량의 바둑알을 찍어낼 만큼 바둑알 생산량이 세계 최대이다. 〈신광바둑〉은 현재 허복래 회장의 셋째 아들 허윤구 대표가 가업을 이어가고 있다.

조남철 국수와의 운명적인 만남

올해로 77세를 맞는 허복래 회장은 해방 직후부터 60여 년간 바둑알을 위한 외길 인생을 걸어왔다. 강원도 횡성 출신인 그는 어린 시절 부친을 따라 대전으로 이사를 갔다. 1946년 집안 형편이 어려워지자 초등학교를 마친 뒤 열네 살의 어린 나이에 단추 공장인 〈대전초자〉에 들어가 일을 했다.

〈대전초자〉는 유리 등의 재료를 이용해 단추를 생산하던 공장이었고 당시엔 일본 사람이 운영했다. 그곳에서 허 회장은 밤낮을 가리지 않고 묵묵히 자기 일을 했다. 어린 나이에도 불구하고 그런 그의 성실함 때문에 공장에서 일한 지 4년 만에 공장장이 되었다.

그는 사소한 하자라도 발견되면 절대 그냥 넘어가지 않을 만큼 일에서는 누구보다 꼼꼼했다. 만약 제품이 맘에 들지 않으면 인부들을 동원해 밤을 새워서라도 처음부터 다시 제작했다. 그런 그의 장인정신에 〈대전초자〉는 일대에서 가장 품질 좋은 단추를 생산한다는 소문이 퍼졌다.

그 무렵 고(故) 조남철 국수가 공장을 방문했다. 조 국수는 단추 공장이 몰려 있던 대전에 내려와 수소문 끝에 〈대전초자〉를 찾아왔다. 그러고는 우리나라에서는 생산하지 않았던 바둑알을 만들어 달라고 부탁했다. 허 회장의 운명이 '단수(單手)'처럼 결정된 것도 이때부터다.

당시에 바둑알은 전부 일본 제품이었다. 조 국수의 제안에 승낙은 했지만 바둑알을 직접 만들어 본 적이 없던 허 회장은 부담이 이만저만이 아니었다. 하는 수 없이 그는 한 알 한 알 죄다 손으로 바둑알을 제작했다.

조 국수는 그렇게 수작업 한 바둑알을 서울로 가져가 보급했다. 일생을 현대 바둑 보급에 바친 조 국수가 우리나라의 바둑알 보급에도 결정적인 역할을 한 것이다. 조 국수는 본인의 뜻에 맞게 척척 바둑알을 만들어 주는 솜씨 좋은 허 회장을 '바둑 도사'라고 부를 정도로 허 회장을 신뢰했다. 때마침 플라스틱의 확산으로 유리 단추의 수요도 급격히 떨어졌다.

컬러 바둑알을 응시하고 있는
허복래 회장(오른쪽)과 허윤구 대표

허 회장은 바둑알 제조기
술을 고스란히 살려 열아홉
살에 독립해 〈신광초자〉를
설립했다.

바둑 인구가 점점 늘어
나자 주문 역시 잇따랐다.
하지만 시간이 갈수록 밀
려드는 수요를 수제품으로
맞추기 어려웠다. 결국 그
는 지인의 도움으로 밤샘
연구 끝에 1981년 바둑알
자동화 기계를 개발했고 특
허를 내는 데 성공했다. 이
때부터 비로소 국내 바둑알
의 대량 공급이 가능해졌다. 조훈현 9단, 서봉수 9단 등 대중적인 인기
를 모았던 프로기사들의 활동이 늘어나면서 〈신광초자〉도 덩달아 호황
을 누렸다. 매달 5톤 트럭 10대 분의 바둑알이 팔려나갔을 정도다.

1997년 외환위기로 온 나라가 경기 침체를 앓고 있던 때에 〈신광초
자〉는 오히려 호황을 맞았다. 여기저기 퇴직자들이 기원에 몰리면서
바둑알이 품귀 현상을 빚은 것이다. 늘어나는 수요를 감당하지 못하자
허 회장은 중국 지난(濟南)시에 공장을 세웠다. 초기에는 인건비가 반
값이어서 이윤을 남겼지만 환율이 급격히 오르면서 수익을 내기가 어려

웠다. 어쩔 수 없이 중국 진출 3년 만에 국내로 공장을 철수한 그는 벙커C유를 태워 연기가 많이 나던 기존 제작 방식을 버리고 바둑알 생산에 적합한 전기로(電氣爐) 방식을 직접 고안해냈다. 자동화 기계에 이어 전기로 방식도 〈신광초자〉에서 처음으로 도입한 것이다.

세계 각국에 불어오는 바둑 열풍

요즘은 인터넷 바둑이 보급되면서 바둑알을 찾는 사람이 줄었다. 대신 해외 수출이 버팀목이 되고 있다. 특히 태국에서는 한류 바둑 열풍이 한창이다. 일부 대기업에서는 아마 1단 정도의 수준을 갖춘 신입사원을 특채할 정도로 그 인기가 대단하다. 현지 바둑 인구만 100만 명을 넘어선 것으로 파악되고 있다. 〈신광바둑〉은 중국, 일본 외에도 태국, 인도네시아, 이스라엘, 네덜란드 등을 비롯해 러시아, 폴란드, 헝가리, 체코 등 동구권 국가에도 바둑알을 공급하고 있다.

국내에선 〈신광바둑〉만이 유일하게 바둑알을 수출하고 있다. 아직은 연간 수출액이 20만 달러 수준에 불과하지만 2~3년 내에 50만 달러로 수출이 확대되리라 예상한다. 세계 아마바둑 선수권대회에 참가하는 나라만 해도 60~70개국에 달하며 2010년 중국 아시안게임에 바둑이 정식 종목으로 채택돼 수출이 급증할 것이기 때문이다.

창업주 허 회장이 국내 바둑알 보급에 지대한 영향을 끼쳤다면 2대 경영을 맡고 있는 허윤구 대표는 바둑알의 품질을 업그레이드하는 데 주력하고 있다. 대표적인 것이 2006년부터 시판하기 시작한 '컬러 바둑알'이다. 옥색, 녹색의 컬러 바둑알은 눈의 피로를 덜어줄 뿐만 아니라 2인 1조로 복식 바둑을 두기에도 제격이다. 〈신광바둑〉이 야심차게 개발한 두 번째 제품은 황토, 백토 등을 섞어 만든 '음이온·원적외선 바둑알'이다. 이 제품은 최근 공산품의 품질검사 기관인 FITI시험연구원과 한국원적외선협회의 실험 결과 효과가 탁월한 것으로 밝혀졌다.

바둑알 가격은 재질에 따라 천차만별이다. 보통의 흑백 바둑알은 3,000원부터 1만 4,000원이면 구입할 수 있다. 10년 전이나 지금이나 가격 차이는 크지 않다. 다만 '컬러 바둑알'은 이보다 비싼 25,000~69,000원에 판매되고 있으며, 〈신광바둑〉이 가장 자랑스럽게 내세우는 '음이온·원적외선 바둑알'은 흑백 한 세트에 12만 원이다.

신광바둑 2대

허윤구

'바둑 도사'들의 바둑 실력은 어떨까?

"아마 1~2급 정도나 될까요? 언젠가 조 국수가 아마 3~4단짜리 문하생들한테 '바둑 도사'가 왔다고 소개하는 바람에 혼이 났습니다. 한수 가르쳐 달라고 덤벼드는 통에 바쁘다는 핑계를 대고 뿌리치느라 진땀을 뺐지요.

앞으로는 음이온 바둑알을 개발한 것처럼 바둑과 건강 분야를 접목한 새로운 시장을 개척해 나갈 계획입니다."

대학을 졸업하고 귀금속업에 종사했던 허 대표는 자신이 가업을 이을 것이라는 생각을 미처 하지 못했다. 하지만 캐나다로 이민 간 큰형과 다른 사업을 하는 둘째 형을 대신해 연로한 부친을 도와 2000년부터 〈신광바둑〉을 이끌었다. 말단사원으로 입사한 허 대표는 처음 2~3년간 포장과 제작 등의 업무를 자청하며 직원들과 똑같이 생활했다. 모든 공정을 거치며 작업의 어려움을 몸소 파악하기 위해서였다.

"어린 시절부터 집 옆이 바둑알 공장이어서 익숙했는데 막상 경영을 맡으려니까 모르는 게 너무 많았어요. 하지만 서두르지 않고 작은 일부터 차근차근 배워온 경영수업이 지금은 큰 도움이 되고 있지요."

　　허 대표는 본격적으로 경영을 맡은 이후 건강기능을 접목한 신상품 개발에 주력하고 있다. 이미 국내 바둑알 시장의 90% 이상을 〈신광바둑〉이 차지하고 있지만 기존 바둑알로는 더 이상 회사가 성장하기 어렵다는 판단에서이다. 〈신광바둑〉은 자체 개발한 ‘음이온·원적외선’ 재료를 활용해 일부 의료 기관들과 지압용 구슬, 매트 등 건강보조 제품을 만들어 공급할 계획이다. 특허를 낼 생각도 했지만 일부 정보를 공개해야 하는 기준이 있어 포기했다. 특허에 집착하다 자칫 기밀이 노출될 위험을 피하기 위해서였다.

　　“음이온·원적외선 성분은 한 번에 0.5톤 분량의 재료를 배합해 1800도의 고열에 24시간을 가열해 만든 것으로 효능이 일정하게 나타납니다. 일부 다단계 업자들이 과장 광고를 통해 파는 옥매트 등과는 질이 전혀 다르답니다.”

　　허 대표는 신상품 판매를 촉진하기 위해 홈페이지(www.skpaduk.co.kr)를 개설하고 전자상거래를 운영하고 있다. 카리스마가 강했던 부친과 달리 부드럽고 온화한 성품의 그는 합리적인 경영에 초점을 맞추고 있다. 스타일이 다르긴 하지만 깐깐하게 품질을 중시했던 부친의 고집만큼은 허 대표도 그대로 이어받았다.

　　“바둑에서 ‘하수는 돌을 아끼고 상수는 돌을 버린다’라는 속담이 있습니다. 언뜻 보기에 이상 없어 보이는 제품이라도 사소한 흠이 있는 파치(불량품)라면 과감히 골라내야 합니다. 그게 신용 하나로 60여 년 동안 가업을 키워 오신 아버님의 가르침이자 진정한 기업가 정신이 아닐까 싶습니다.”

이메일도 무섭지 않은 편지봉투

〈이화산업사〉는 국내 봉투 시장의 70%를 점유 중인 봉투 전문 회사이다. 영수증, 계산서, 노트류 등 다른 사무용 문구류도 만들지만, 주력 제품은 역시 전체 매출의 30%를 차지하고 있는 봉투이다. 파주에 있는 공장에서는 편지봉투, 엽서봉투, 민무늬봉투 등 하루 100만 장 가량의 봉투가 생산된다. 국군 위문편지가 유행하던 1970~80년대와 비교하면 절반으로 줄었지만 연간으로 치면 3억 장에 이른다. 국민 1인당 매년 5~6장의 이화봉투를 쓰고 있는 셈이고 십중팔구 축의금이나 부의금 전달용으로 사용된다. 최 대표는 창업자인 아버지 최동현 회장(65)의 뒤를 이어 2007년부터 회사를 이끌고 있다.

시대에 따라 진화하는 봉투

경기도 파주시 월롱면 위전리에는 〈이화산업〉의 봉투 공장이 있다. 전자동 생산 설비를 갖춘 규격봉투 생산룸에는 갓 찍어낸 새하얀 우편봉투가 떡시루처럼 차곡차곡 쌓인 선반이 있다. '봉투시루' 위에는 비닐랩에 감긴 벽돌이 2~3개씩 놓여 있다. 벽돌 무게를 이용한 이른바 '숨죽이기' 공정이다. 통통하게 습기를 머금은 봉투를 납작하게 눌러야만

갓 생산된 편지봉투를 들고 있는 최훈 대표

비닐포장이 쉬워지고 감촉도 좋아진다.

"경기가 나빠지면 얇은 황(노란색)봉투가 많이 팔려요. 최근 들어 황 봉투가 5~10% 정도 더 나가기 시작하니 도리어 걱정이 됩니다."

백봉투보다 10%가량 싼 황봉투가 많이 나가는 만큼 소비자들의 지 갑사정이 그만큼 좋지 않다는 이야기다. 요즘은 편지를 거의 쓰지 않 아 회사가 힘들 거라는 생각이 들지만 시대 변화의 격랑을 뚫고도 편지 봉투가 살아남은 비결은 현금과 서류 등을 담을 수 있도록 속이 보이지 않게 진화한 덕분이다. 우편번호를 적는 네모 칸이 인쇄된 봉투보다 백 지 상태인 민무늬봉투가 두 배는 더 잘나가고, 하늘색 속지가 들어간 축의금 전용봉투도 생겼다. 공문서용 A4지를 넣기 위해 봉투 넓이와 길 이도 10%가량 커졌다. 결혼식이 많은 3~5월이 전체 매출의 40%를 차 지하고, 주중보다는 주말 매출이 10배는 많다.

단돈 700원으로 사업 시작

〈이화산업사〉가 설립된 것은 1973년이다. 최동현 회장은 충남 공주에서 단돈 700원을 들고 서울로 상경해 청계천 인근에 터를 잡고 그곳에서 작은 지업사인 〈이화사〉를 차렸다. 당시 을지로 종이재료 총판점 주인들에게 눈칫밥을 먹어가며 어깨너머로 종이 자르기 등을 익히며 힘겹게 출발했다. 그 후 대리점 개설 기회를 잡았다. 하지만 때마침 오일쇼크가 터지면서 대리점 이윤이 사라지자 어쩔 수 없이 직접 생산에 뛰어들었다. 당시 쟁쟁하던 〈현대〉, 〈서라벌〉 등 10여 개의 선발 회사가 시장을 주름잡고 있었지만 직접 발로 뛴 덕분에 점점 인지도를 높이고 시장을 장악하게 되었다.

그가 성공할 수 있었던 요인은 '품질우선주의'였다. 가장 좋은 종이를 쓰겠다는 원칙을 지키는 한편, 해외 전시회를 찾아다니며 품질 고급화와 품목 다양화를 시도했던 것이다. 대표적인 제품이 먹지 없는 세금계산서다. 윗면에 글씨를 쓰면 아래쪽에 사본이 만들어지는 이 제품은 까만 카본잉크를 바른 기존 세금계산서를 퇴출시킬 정도로 인기가 대단했다.

신뢰를 지켜야 한다는 최 회장의 철학도 숱한 부도 위기를 넘기는 데 결정적인 역할을 했다. 최 회장은 35년간 한 번도 대금결제일을 어긴 적이 없을 정도로 약속을 철저히 지켰다. 이런 그의 신용에 납품업자들은 본인의 회사가 부도나는 지경에서도 〈이화사〉의 불품 보증금은 모두 돌려주며 그의 신용에 보답했다.

봉투와 사무용 문구류가 뚜렷한 사양길에 접어든 것은 2000년 초부터다. 이메일과 휴대폰이 늘어나면서 사무전산화가 가속화돼 편지가 사라졌기 때문이다. 매출도 해마다 10~20%씩 떨어졌다. 결국 꿋꿋하게 버티던 최 회장이 미국에서 직장을 다니던 아들 최훈 대표에게 자주 전화를 하며 앞으로 나아갈 길에 대해 상의를 했다.

결국 최 대표는 2004년 아버지의 뜻에 따라 귀국하자마자 신설동과 파주시에 있던 생산 시설을 통합하는 한편, 불합리한 공정을 개선하는 등 회사 살리기에 나섰다. 그는 문구업체 2세 경영자들의 모임인 '문청회'에 가입하는 등 중장기 시장 전략을 논의하며 회사의 미래를 고민했다. 2006년부터는 원가 절감을 위해 노트류와 계산서류 일부를 중국에서 생산하고 있다. 이를 총괄하기 위해 최 회장은 중국에서 홀로 숙식을 해결하며 현지 생산을 지휘하고 있다.

최 대표의 전략은 '브랜드 싸움'이다. 즉 퇴조하는 시장에서 살아남기 위해서는 브랜드 싸움에서 이기는 것이 가장 중요하기 때문이다. 그렇게 하기 위해 최 대표는 끊임없는 다양한 품목 개발과 고급화로 〈이화사〉의 경쟁력을 키워나가고 있다.

이화산업사 2대

최훈

"국군장병에게 위문편지를 쓸 때가 되면 항상 마음이 벅찼어요. 친구들이 쓰는 편지지와 편지봉투가 모두 우리 것이었거든요. 또 체육대회가 열리면 아버지가 상품으로 노트와 연습장 등을 트럭에 가득 실어다 줘 인기가 하늘을 찌를 정도였죠."

최훈 대표는 어린 시절을 이렇게 회상했다. 친구 중 열에 예닐곱은 이화편지지와 이화원고지에 글을 쓰고, 이화봉투로 위문편지를 부쳤다. 그는 이런 유명 업체의 사장이 아버지라는 사실을 늘 자랑스러워했다. 하지만 봉투 회사를 경영하겠다고 마음 먹은 적은 한 번도 없었다. 좁은 공장에서 직원들과 함께 기계를 수리하느라 늘 기름밥에 절어 있던 아버지의 모습이 자신의 미래라 생각하니 암담했던 것이다.

사실 그의 꿈은 음악가였다. 중학교 때 시작한 클래식 기타 연주는 수준급이라 인근 여러 고등학교의 그룹사운드에서 기타리스트로 영입하려고 경쟁을 벌일 정도였다. 하지만 집안의 마찰로 꿈꾸던 음악대학 진학은 포기해야 했다. 이후 대학에서 무역학을 전공한 뒤 미국 미시간 주립대에서 MBA를 마쳤다. 현지 레이저 장비업체에 취직해 슈퍼바이저로 2년 남짓 일을 배우자 머릿속에 딴 생각이 들었다.

"언어보다 힘든 것이 현지 문화였는데, 이게 익숙해지니까 욕심이 생겼어요. 이곳에서의 경험이 너무 아깝다는 생각이 든 거죠."

'가업을 이어야 한다'는 부친의 설득에 결국 넘어간 것은 휴가 때 잠깐 귀국해서 회사를 둘러본 뒤였다.

"한마디로 문제 투성이었어요. 매출은 줄었는데도 생산 효율은 개선되어 있지 않았죠. 좀 더 일찍 올걸 그랬다는 생각이 들더라고요. 여태껏 배운 걸 써먹을 수 있는 좋은 기회였죠."

최 대표는 2004년 5월 미국 직장을 그만두고 돌아와 과장으로 경영수업을 받기 시작했다. 가장 먼저 두 곳으로 분리된 생산 공장을 통합했다. 자재를 중복 매입하는 일이 사라지고 물류비를 낮추자 전체 관리비가 20% 이상 절감됐다. 하지만 그의 고민은 여전히 남아 있다. 그것은 바로 10년 뒤 먹을거리를 찾아야 하는데 마땅한 해답을 찾지 못해서다.

"아침에 일어나면 침대에 까맣게 머리가 빠져있는 날이 많아지고 있어요. 아버지가 늘 위궤양을 달고 사셨는데 이제야 그 이유를 절감하고 있습니다."

최 대표는 봉투 만드는 일을 끝까지 지켜나갈 작정이다. 중장기적으로는 문구가 아닌 신사업 부문 진출도 검토하고 있다.

"아무리 첨단 시대라 해도 봉투, 영수증, 계산서 등은 완전히 사라지지 않을 거예요. 우선은 생산성을 높이고 원가를 낮추는 일, 비효율적인 자재구매 관행 등을 개혁하는 데 집중할 생각입니다."

도장은 달라도
인주는 하나

- 1대 최상봉
- 2대 최윤석

2008년 11월 한 포털 사이트 블로그에 '매표인주라고 아시나요'라는 글이 올라왔다. 한 네티즌이 장충동 뒷골목을 지나다 우연히 찍은 〈매표화학〉 사무실 간판 사진을 올리고 '이곳이 그 유명한 매표인주를 만드는 곳'이라는 설명을 덧붙였다. 이후 '내 책상 위에 있는 인주도 매표네'라는 댓글이 300여 개가 달리며 검색 순위 2위까지 올라갔다. 이렇듯 '매표'는 60년이 넘는 세월 동안 인주와 스탬프의 대명사로서 정상의 자리를 굳건히 지켜왔다. 국내에서 사용되는 인주의 80%가 '매票' 글자가 새겨진 인주통에 담겨 있다. 매표인주를 쓰는 것은 국새도 마찬가지이다.

사업의 외형보다 내실을 중요시

〈매표화학〉은 1946년 6월 15일 창업주인 최상봉 전 사장(2007년 작고)이 서울 중구 쌍림동에서 〈삼성화학공업사〉를 설립하면서 시작됐다. 이 회사는 1964년 장충동 뒷골목 한옥집으로 이전하면서 사명을 〈매표화학공업사〉로 바꾸었고 2000년 8월 〈매표화학〉으로 변경했다. 1960년대만 해도 동물 이름을 상호에 넣는 것이 유행이었는데 '매표'는 최상봉 전 사장이 '하늘의 왕'인 매를 상호로 선택한 것이다.

그는 중국 베이징에서 대학을 졸업하고 해방 후 국내로 돌아온 뒤 볼펜과 같은 문구류가 귀한 것을 착안해 문구 사업을 시작했다. 특히 우후죽순으로 생겨나는 회사들의 공문서마다 도장이 날인되는 것을 보고 인주 생산에 전념했다. 그의 예상은 들어맞았다. 경제 성장과 함께 수요가 계속 늘어 인주는 만들자마자 날개 돋힌 듯 팔려나갔다. 이렇게 매년 승승장구 하던 '매표'는 1980년대와 1990년대에는 연간 인주 100만 개와 스탬프 500만 개를 판매하면서 매년 70~80억 원의 매출을 달성했다. 더욱이 문구 산업 육성에 이바지한 공로를 인정받아 2003년에는 '동탑산업훈장'도 받았다.

2007년 최상봉 사장이 세상을 떠나자 외아들인 최윤석 대표가 회사를 이어받았다. 그는 대학 졸업 후 20년 동안 부친을 모시며 일했기 때문에 가업승계가 자연스러운 편이었다. 최 대표는 인주 공장의 생산 라

최상봉 창업주 사진 앞에서 인주를 들고 있는 최윤석 대표

인 직원으로 시작해 전국의 문구 도매상에 인주를 납품하는 영업과장을 거치는 등 혹독한 경영수업을 받았다. 하지만 최고의 가르침은 말로써 지시하지 않고 몸소 실천으로 보여주신 아버지의 모습이었다.

〈매표화학〉은 '사업의 외형보다는 내실을 중요시하라'는 창업주의 뜻에 따라 60년 넘게 단 한 번도 은행에서 돈을 빌린 적이 없다. 중소기업들이 줄줄이 도산하던 외환위기 당시에도 직원 월급 날짜나 협력업체 대금지급일을 단 하루도 어기지 않았다.

종합문구회사로 도약

인주는 기름, 쑥, 안료, 솜 등 10여 가지 재료로 생산된다. 회사 설립 당시에는 처음부터 끝까지 인주를 손으로 반죽해서 만들었다. 현재도 일부 공정은 자동화됐지만 아직도 전체 공정의 절반은 수작업으로 이뤄진다. 인주도 일품요리처럼 숙련된 장인의 손끝을 거쳐야만 진가를 발휘하기 때문이다. 이러다 보니 이 회사의 정년퇴직은 70세이다. 50여 명의 임직원 중 30년 이상 근무한 사람이 10여 명이 넘는다. 18세에 입사했던 김주한 공장장(71)이 결혼할 때는 최상봉 창업주가 주례를 섰는데 김 공장장의 아들이 결혼할 때에도 창업주가 주례를 맡았을 정도로 회사 분위기가 가족적이다.

하지만 〈매표화학〉은 2000년대 이후 서명이 보편화되고 전자결재가 많아지면서 어려움을 겪었다. 수요 감소로 인주 생산량이 연 30만 개로 줄고 스탬프 생산도 300만 개로 떨어져 매출이 30~40억 원대로 내려갔

던 것이다. 재료비와 인건비 등이 많이 올라갔지만 아직까지 인주 가격
을 200원에서 올리지 못하고 있다. 이런 문제를 해결하기 위해 최 대표
는 500여 개의 도매 거래선과 '매표'라는 상품명이 주는 신뢰감을 십분
활용해 종합문구회사로의 변신을 추진하고 있다.

우선 스탬프를 고급화하고 제품 라인을 다양화할 계획을 세우고 있
다. 또 젊은 층의 구미에 맞는 차별화된 신상품을 기획 중이다. 2008년
초 출시한 '18m 수정테이프'는 일반적인 '12m 수정테이프'보다 용량을
50% 늘렸으면서도 가격은 동일하다. '인주가 하찮은 것일 수도 있지만
절대 없어선 안 되는 것'이라는 자부심을 가지며 대를 이어 매표 인주를
만들도록 가업을 승계할 예정이다.

매표화학 2대

최윤석

"아무리 작고 하찮은 인주통도 마무리 작업은 손으로 합니다."

"평소 아버님은 항상 '세 끼 먹고 살 수 있으면 화려하게 사는 것보다는 남을 위해 많이 희생하는 것이 더 부자'라고 가르쳤습니다. 어릴 때에는 멋진 빌딩도 안 짓고 사업도 확장하지 않으면서 사회봉사 활동에 관심이 컸던 아버지가 항상 불만이었죠. 이제는 아버님의 큰 뜻을 이해합니다. 또 아버님이 생전에 품고 살아가셨던 사회에 대한 애정과 봉사 활동도 대를 이어 수행할 거예요."

최상봉 창업주는 '사람은 빈손으로 세상을 떠나는데 너무 욕심을 부리지 말고 남을 돕고 살아야 한다'는 철학을 몸소 실천하며 살았다. 생전에 법무부 갱생보호위원으로 활동하면서 매년 두세 번씩 출소자들의 결혼 비용을 지원하고 직접 주례를 서며 합동결혼식을 도왔다. 또, 20년 동안 중부경찰서 청소년 선도위원을 지내며 지역 청소년들의 지도와 장충동 지역발전을 위해 앞장섰다. 명절이면 어김없이 고아원과 양로원을 찾았다. 이런 공로로 대통령이 수여하는 국민 훈장을 받기도 했다.

이 같은 아버지의 모습을 보고 자란 때문인지 최 대표도 봉사하는 삶의 자세가 몸에 뱄다.

현재 최 대표는 중부경찰서 장충동 청소년 선도위원회 부회장직을 맡고 있으며 1988년부터 한국어린이복지재단과 결연을 맺고 소년·소녀가장과 장애인을 돕는 일에 힘쓰고 있다. 금전적으로 후원하던 학생이 학업을 마친 뒤 희망할 경우 〈매표화학〉에 취직시키고 있다.

최 대표는 선친의 가르침을 지금도 잊지 않고 있다. 바로 '남에게 보이는 사업은 하지 말고 멋진 건물을 가지는 것보다 눈에 보이지 않는 안이 튼튼한 회사를 만들어야 한다'라는 것이다. 최 대표는 아직도 선친에 대한 그리움을 안고 살아간다고 밝혔다.

"본래 자상한 분이셨지만 제가 외아들이다 보니 사랑이 남다르셨어요. 태어나 44년을 같이 살았지만 지금도 종종 사무실에 걸려 있는 부친의 사진과 대화를 나눌 만큼 아버지가 그립습니다."

이 때문에 최 대표는 2007년 부모님에 대한 사랑을 담은 시집 《마음으로 부르는 이름》을 발간해 시인으로 등단하기도 했다.

"선친이 중환자실에서 1년 동안 고생하셨어요. 열심히 살아오셨는데 누워 계신 것을 보니까 마음이 아파 조금이라도 기쁘게 해드리고 싶어 시를 쓰기 시작했어요. 안타깝게 책이 나오기 직전 돌아가셔서 직접 보진 못하셨지만 수익금은 다 독거노인을 위해 사용해 선친의 뜻을 이어갈 겁니다."

에넥스

발상의 전환으로 승부한 입식 부엌의 선구자

● 1대 박유재

● 2대 박진호

〈에넥스〉는 1971년 국내에서 싱크대를 처음으로 판매하면서 부엌 문화에 혁명적인 변화를 일으켰다고 자부하는 시스템가구 기업이다. 현재 40대 이상 국민들이 '싱크는 오리표, 오리표는 싱크'라는 CM송을 기억할 정도로 널리 알려진 회사이다. 창업자 박유재 회장(75)이 서울에서 〈웅우상사〉를 운영하며 무역업을 할 때 외국의 부엌을 자주 접하면서 싱크대 사업을 결심한 것이 지금까지 이어져온 것이다. '입식 부엌이야말로 주부들의 가사노동 부담을 크게 덜어줄 것'이라는 확신이 맞았던 것이다. '오리표 싱크'는 부뚜막 옆에서 설거지를 해야 했던 주부들의 허리를 일으켜 세운 주역이다.

부부애를 상징하는 '오리'

박유재 회장은 37세였던 1971년 무역업과 〈제일도기〉를 운영하면서 모은 돈 10억 원으로 서울 신정동 16500제곱미터 부지에 〈서일공업사〉를 세웠다. 당시 친구들은 '제조업은 세 번 망하고 네 번째 주인이 바뀔 정도로 힘든 사업이다. 능력도 되는데 편하게 살아라'라고 말하며 그를 말렸다. 이런 만류에도 불구하고 박 회장은 스테인리스 싱크대 상판을

컬러 문짝을 살핀 뒤 이야기를 나누는 박유재 회장(오른쪽)과 박진호 대표

대량생산하는 체제를 하나둘 갖추며 사업의 기반을 마련했다. 하지만 당시 국내에는 싱크대 제작 기술이 없어 박 회장은 일본 〈와코사〉에 3개월간 머물면서 기술을 배웠다.

이후 싱크대 상판을 내놓으면서 부부애를 상징하는 '오리'를 상표로 내세워 홍보했다. 때마침 여의도, 동부이촌동 등 아파트 개발이 시작되면서 '오리표 싱크'는 날개 돋친 듯 팔렸다.

1976년 〈서일공업사〉는 〈오리표싱크〉로 사명을 바꾸고 충북 황간에 기존 생산 시설의 세 배 규모로 공장을 새로 지었다. 시범 가동이 시작됐던 1979년 제2차 오일쇼크가 닥치면서 불황이 찾아왔지만 싱크 상판뿐만 아니라 캐비닛을 포함한 완제품 '베라미' 제품을 출시하면서 위기를 넘겼다.

1980년 초 아파트 건설 붐이 일면서 반포동 본사에는 전국 300여 대리점에서 현금 다발을 들고 찾아와 제품을 달라고 할 정도로 사업이 번창했다. 싱크대가 인기를 끌자 〈백곰표〉, 〈원앙표〉, 〈백조표〉, 〈거북표〉 등 후발업체가 350여 곳이나 생겼고 심지어 대기업까지 참여할 정도로 호황을 누렸다.

제2의 도약을 위한 아낌없는 투자

박 회장은 민주정의당이 창당되면서 출마를 권유받아 고향(충북 옥천)에서 1981년 11대 국회의원에 당선돼 정치인으로 활동했다. 그 후 재선을 포기하고 1985년 회사에 복귀했다.

그는 사명을 〈오리표〉로 바꾸고 45일간 유럽, 일본의 주방가구 회사를 방문하며 신기술을 눈여겨봤다. 귀국한 뒤 제2의 도약을 위해 500만 달러를 투자해 목공기계 등 최신 자동화 설비를 도입했다. 하지만 노조 파업으로 막대한 자본이 투자된 공장이 멈추면서 자본금이 전액 잠식되는 위기에 처했다.

박 회장은 창사 과정에서 도움을 받았던 일본 〈와코사〉의 니시다 야스마루 회장으로부터 1억 엔을 출자 받은 뒤 이를 토대로 18억 원의 회사채를 발행해 자금난에서 벗어났다. 서울 올림픽 특수에 따른 건설경기 호황도 위기 극복에 도움이 됐다. 박 회장은 1992년 글로벌 경영을 위해 회사명을 〈에넥스(ENEX)〉로 교체하고 자외선(UV) 도장 제품, 빌트인 가전을 도입한 '시스템 키친'등을 내놓았다.

디자인 혁신과 구조조정 등으로 외환위기를 넘긴 박 회장은 2002년 친환경 도장소재 워터본 개발을 위해 차남 박진호 씨를 상무이사로 불러들였다. 박진호 씨는 경영 수업을 받은 뒤 2006년 대표를 맡으면서 경영을 승계받았다.

1986년부터 회사에 근무하던 장남 박진규 씨에게는 앞으로 성장이 기대되는 중국 사업(에넥스 차이나)을 맡겼다. 막내 진우 씨는 후드업체 〈엔텍〉을 경영하고 있다.

박 대표는 경영 책임을 맡은 2006년 매출 2140억 원, 영업이익 19억 원을 올렸다. 2007년에는 매출 2,330억 원, 영업이익 64억 원으로 성장시키는 등 능력을 발휘하고 있다. 그는 〈에넥스〉를 글로벌 넘버원 부엌가구 회사로 키우는 데 전력을 쏟고 있다.

문에 손잡이를 없애 밀어주면 문이 저절로 열리는 '핸들리스 부엌', 싱크볼(개수대) 기능을 갖춘 '아일랜드형 부엌' 등 획기적인 아이디어 제품을 잇달아 내놓았다.

〈에넥스〉는 긁힘이나 흠집이 잘 생기지 않고 고급스런 광택을 내주는 UV 도장 및 친환경 수성도료인 워터본 기술을 개발, 도장 제품 분야에서 업계 1위의 기술력을 갖고 있다는 평가다. 박 대표의 목표는 신사업 분야에 적극 진출해 2010년 매출 3,000억 원을 달성하는 것이다.

에넥스 2대

박진호

"우주공학을 전공한 만큼 엔지니어로서의 경험을 가구에 접목시켜 회사를 세계적인 부엌가구업체로 키우겠습니다."

박진호 대표(47)는 통신위성개발 사업을 담당했던 우주공학자이다. 1987년 서울대 항공공학과를 졸업하고 카이스트 기계공학과와 항공우주공학과에서 각각 석·박사 학위를 받고 1995년 〈한국통신(현 KT)〉에 입사, 위성사업단 선임연구원으로 활약했다. 이어 1996년부터 무궁화 3호 위성 발사 실무책임을 맡아 성공적으로 발사하는 데 기여했다.

그런 그가 8년간 〈KT〉에서 근무한 후 2002년 아버지의 부름을 받고 상무로 입사해 가업을 잇고 있다.

"현재 내수경기가 좋지 않습니다. 회사의 강점인 시스템가구 분야를 강화해 회사의 위상을 높이고 사업 다각화 등을 통해 신성장 동력을 찾는 데 힘을 쏟겠습니다."

이를 위해 해외 시장 개척 등 신규 사업 분야를 적극 발굴하고 내부 시스템 개선 등을 통한 수익 창출에 주력하고 있다. 이미 실행 중인 팀세와 연봉제, 인센티브제 등의 효율성도 더욱 높일 방침이다.

박 대표는 무엇보다도 연구개발(R&D)과 인적투자를 중시한다. 〈에넥스〉의 기본 토양을 비옥하게 만들 수 있는 밑거름이라는 이유에서다. 기름진 옥토를 만드는 투자가 곧 회사의 성과를 이끈다는 신념으로 품질, 디자인 등 기술력을 갖춘 차별화된 제품 개발을 통해 고객, 사회, 사원 모두가 만족할 수 있도록 끊임없이 개혁을 추진 중이다.

그는 2006년 업계 최초로 접착제를 쓰지 않는 수성도료 '워터본(Water Borne)'을 출시해 친환경 부엌가구 회사로서의 위상을 높였다. 워터본은 2년여에 거쳐 50억 원을 투자할 정도로 박 대표가 심혈을 기울인 제품이다.

이에 앞서 그는 '손잡이를 없애고 살짝 안으로 밀면 열리도록 한 부엌가구를 만들자'라는 아이디어를 2003년 내놓았다. 제품 개발을 거쳐 신상품으로 내놓은 뒤 호평을 받았다. 이 같은 노력에 힘입어 〈에넥스〉는 2003년 업계에서 처음으로 우수산업디자인(GD) 대통령상 수상에 이어 2007년까지 8년 연속 품질경쟁력우수기업에 선정됐다.

해외 시장 개척에도 나서 2003년 중국현지 법인과 공장을 세웠으며 러시아, 캐나다, 캄보디아, 베트남 등에도 진출, 2007년 100억 원의 매출을 올렸다. 하와이와 우즈베키스탄에 이어 카자흐스탄에도 연내 쇼룸을 열 예정이다.

박 대표의 취미는 요리이다. 2000년 입덧이 심했던 아내를 돕기 위해 시작한 요리 솜씨는 중국, 프랑스, 이탈리아 음식을 직접 만들 정도로 수준급이다.

청화대 목창호는
우리 집안 작품

1대 김태옥

2대 김강배

3대 김현준

인천시 서구 석남동 목재가공단지에는 약 1만제곱미터 면적의 〈성남기업〉 본사와 목재창호 제1공장이 있다. 공장 내부에는 이 회사의 역사와 전통을 단적으로 보여주는 문구가 있다. 'SINCE 1935.' 〈성남기업〉은 75년째 나무로 만든 문과 창문, 창문틀 등 목재 창호를 만들고 있다. 국내에서 가장 오래된 목창호 전문 기업이다. 또한 1989년부터 1991년까지 청와대 신축 공사에서 목창호 시공을 맡았다. 이익보다는 후세에 남길 작품을 만든다는 각오로 전 직원이 여름 휴가도 반납하며 모든 역량을 쏟아 부은 결과이다.

국내 가장 오래된 목창호 전문 기업

〈성남기업〉 김강배 회장(68)의 부친인 고(故) 김태옥 대표(1982년 타계)가 1935년 서울 이태원 집 마당에서 목수 4명과 함께 시작했던 〈성남목공〉은 현재 직원 250명에 90여 개 협력사를 거느린 동종 업계 1위 기업으로 발전했다. 김 회장은 1991년 청와대 완공식에서 당시 노태우 대통령으로부터 직접 감사패를 받았다. 감사패에는 '빼어난 기술과 탁월한 기량을 발휘해 역사에 남을 훌륭한 건물을 완성하는 데 크게 기여

청와대 본관과 동일한 문짝을 살펴보고 있는 김강배 회장(왼쪽)과 현준 씨

했다'라고 직혀 있다. 청와대가 경무대로 불리던 이승만 대통령 시절 개축 공사에서는 창업주 김태옥 대표가 목공일을 맡았다. 결국 청와대의 목창호 공사는 대대로 〈성남기업〉이 담당한 셈이다. 그래서 김강배 회장은 뉴스 등에서 청와대 내부가 비칠 때마다 대통령 모습보다는 그 뒤에 있는 문이나 창문틀에 먼저 시선이 간다. 청와대 본관과 영빈관, 기자실이 있는 춘추관에 달려 있는 문들 역시 모두 〈성남〉의 작품이기 때문이다. 혹여 흠이 났거나 색이 달라진 부분이 있는지 주의 깊게 살펴보는 것이다.

2007년 이 회사의 목창호가 들어간 아파트는 2만 3000가구이다. 매출도 회사 설립 이후 가장 많은 380억 원을 기록했다. 〈성남기업〉만큼 오래된 목창호 회사도 없고 한 부문에서 이만큼의 매출을 올리는 데도 없다. 김 회장은 회사의 장수 비결로 '선대로부터 이어지는 대목(大木, 대형 건축물을 잘 짓는 목수)의 장인 정신과 기술'을 꼽았다.

창업주인 김태옥 대표는 서울 일대에서 유명한 목공인이었다. 창업 초기에는 솜씨 좋은 동료들과 함께 한옥집에 들어가는 문인 완자문(문짝 살대가 '卍'자 모양으로 된 문)을 주로 만들었다. 살대를 가늘게 만들어 짜 맞추는 완자문은 무엇보다 고도의 숙련을 필요로 한다. 이런 면에서 〈성남기업〉은 당시 완자문을 잘 만들기로 소문이 나 언제나 일감이 넘쳐났다. 김강배 회장은 1966년 한양대 건축학과를 졸업하자마자 회사를 맡았다. 그는 건설 회사에 들어가 경험을 쌓고 싶었지만 당시 아버지의 건강이 나빠져서 일찍 가업을 잇게 되었다.

고(故) 정주영 회장과의 인연

목공소 수준에 불과했던 〈성남기업〉이 기업으로 성장할 수 있었던 것은 〈현대건설〉의 역할 때문이었다. 한국전쟁이 끝난 직후인 1953년 미군 극동공병단(FED)이 발주하는 시설 공사에 참여하면서 〈현대건설〉과 인연을 맺었다. 당시 〈성남목공〉의 솜씨를 눈여겨본 고 정주영 회장은 목창호 관련 공사를 대부분 〈성남목공〉에 맡겼다.

〈현대조선〉의 첫 수주작인 그리스 대형 선박에 들어가는 목재 공사도 담당했다. 고 정주영 회장은 목재와 관련된 일이라면 〈성남목공〉 사장부터 찾았다. 청운동 자택부터 시작해 정 회장 형제의 자택 목창호 공사도 모두 성남에서 담당했다. 믿고 맡기는 만큼 완벽하게 시공해야 한다는 부담이 클 수밖에 없었다.

1970년대 아파트 건설 붐이 일면서 본격적인 성장가도를 달렸다. 압구정동 아파트를 비롯해 이때 건설된 현대아파트의 목창호를 대부분 납품했다. 하지만 창사 이래 맞은 최대 위기도 〈현대건설〉에서 비롯됐다. 〈현대건설〉이 1978년 설립한 계열사인 〈현대종합목재〉에 목창호 공사를 맡기기 시작하면서 물량이 확 줄어든 것이다. 김 회장은 학연 등을 동원해 다른 건설사들의 물량을 어렵사리 따내면서 고비를 넘겼고 한 기업에 대한 의존도가 너무 크면 위험하다는 교훈을 뼈저리게 경험했다.

1998년 우리나라를 강타한 외환위기가 〈성남기업〉에는 오히려 성장의 기회였다. 중소 건설사들의 잇따른 부도로 소규모 목창호 기업들이 문을 닫자 기술 경쟁력을 갖춘 이 회사의 물량이 40% 이상 증가했다.

〈성남기업〉의 최대 경쟁력은 '사람'이다. 2007년까지 43년간 이 회사에 재직한 최영석 전 기술이사(71)는 독보적인 전통한옥 건립 기술을 보유해 '걸어 다니는 문화재'로 불릴 정도다. 또 현재 60여 명의 목공 기술자 가운데 20년 이상 근무한 장기 근속자가 절반을 넘는다.

이 회사의 목공 장인들이 1970~80년대에 직접 개발한 기계장비만 10여 종이다. 대부분 3~4단계의 생산 공정을 한 번에 처리할 수 있는 획기적인 장비들이다. 기계에 의존하기보다는 자재 선정부터 최종 마무리 작업까지 숙련된 전문가의 손을 거치는 것이 김 회장의 원칙이다.

〈성남기업〉이 100년 이상 존속하는 장수기업으로 남는 최대 관건 역시 사람들이다. 대목의 장인 기술을 이어받을 젊은이들이 부족한 것이 가장 큰 문제이기 때문이다. 하지만 2007년부터 준비해온 '젊은 목공 양성 프로그램'을 본격적으로 운영해 인재양성을 도모하고 있다.

성남기업 3대

김현준

"단순히 가업을 잇는 게 아니라 책임을 대물림하는 것입니다. 70년을 넘어 100년 이상 존속하는 기업을 만들고 싶습니다."

고 김태옥 창업주와 김강배 회장에 이어 3대째 '목공 장인 정신'의 맥을 잇고 있는 김 회장의 장남 김현준 실장(35)의 포부이다. 그는 2003년 〈성남기업〉에 들어와 현재 기획실장을 맡으며 경영수업을 받고 있다.

"아버지께서는 할아버지의 뜻을 이어받아 목공인들에게 안정되고 일할 만한 직장을 제공한다는 생각으로 목창호 사업에만 전념해 왔습니다. 그러한 책임감을 저도 느끼고 있지요. 어릴 때부터 막연하게나마 가업을 잇겠다는 생각을 했었습니다. 초등학교를 다닐 때 선생님이 꿈을 적어내라고 할 때마다 언제나 사장이라고 썼으니까요."

어린 시절 김 실장의 눈에 비친 목공 아저씨들은 못하는 게 없는 만능인이었다.

"TV만화에 나오는 로봇을 갖고 싶다고 하면 아저씨들이 나무토막을 몇 번 뚝딱거리고서는 똑같이 만들어주셨어요."

김 실장은 조기 유학파이다. 미국 캔자스주립대 교수로 재직하던 삼촌의 권유로 중학교를 졸업하고 미국으로 건너갔다. 대학(웨스트버지니아주립대)에서는 토목과 실내건축을 전공했다. 대학을 졸업하고 1년간의 직업 연수(Practical Training) 기간에 미국의 대형 목재업체인 〈84럼버(lumber)〉의 리조트사업부에서 일했다. 연수 기간이 끝나고 〈84럼버〉에서 취업비자를 받아 계속 일해 줄 것을 요청했을 때 김 실장은 잠깐 고민했다.

"아버지께서 '이제 그만 돌아오라'고 했을 때 아무 미련 없이 귀국했습니다."

김 실장은 회사에 들어와 자재부와 영업부를 거치고 2005년 기획실을 만들었다.

"지식재산권을 관리하고 회사의 장기적인 비전을 수립하는 등 미래를 위한 부서가 필요했기 때문이었어요."

당시 '휴든'이라는 자체 브랜드도 내놓았다.

"앞으로는 아파트 거주자들이 목창호를 선택하는 시대가 올 것입니다. 이에 대비한 브랜드 마케팅이 중요하지요."

김 실장이 가장 신경 쓰고 있는 것은 회사의 최고 자산인 목공 장인들이 노령화됐을 때를 대비한 기술 전수 프로그램이다. '명장' 제도로 이름 붙인 이 프로그램은 20여 명의 목공 장인을 '명장'으로 우대하고 그 밑에 제자를 둬서 기술 전수를 도제식으로 진행하는 것이다.

"장인들의 노하우가 제대로 전수돼야 장인 정신이 살아 있는 장수기업으로 계속 남을 수 있습니다."

Chapter 2

변치않는 명품만을 고집한다

경인기계

태양어패럴

행남자기

모나미

고령기와

신신제약

신성금고제작소

로얄&컴퍼니

세계 시장에서 우뚝 서 있는 국내 냉각탑

〈경인기계〉 생산 공장은 인천 항동의 부둣가에 자리 잡고 있다. 그곳에서 50여 명의 생산직원들이 거대한 선풍기 모양의 팬을 컨테이너 박스 모양의 냉각탑(냉방 장치의 일부로 가정용 에어컨으로 말하자면 실외기)에 설치하고 있다. 가정용 에어컨이 공기를 이용하는 것과 달리 산업용 냉각탑은 건물 내부의 열을 흡수한 물을 냉각시킨다. 사무실에선 제품 주문 및 문의 전화가 1~2분 단위로 울리고 직원들은 신제품에 대한 토론을 벌이는 등 분주했다. 〈경인기계〉는 국내 최대의 냉각탑 전문 제조업체로 1,000억 원으로 추산되는 국내 냉각탑 시장의 20~30%를 점유하고 있다.

절망 속에 피어난 희망

〈경인기계〉는 1960년 구제병 대표(66)의 아버지인 구장우 옹(1970년 작고)이 서울 남대문로(현 세브란스 빌딩 자리)에 냉방 장치를 제조하는 〈한국이연정공사〉를 설립하면서부터 시작됐다. 당시는 냉방에 대한 개념조차 없었던 시기였는데 창업주가 우리나라에서 처음으로 냉방 분야를 개척했던 셈이었다. 그는 관공서나 은행 같은 대형 기관에 냉방, 항온, 항습 장치 등을 설치하며 성공을 거두었다. 하지만 그것도 잠시였다. 1965년 당시 체신부 건물에 냉방 장치를 설치하다 발생한 폭발 사고로 모든 것을 잃었다.

공사 대금을 못 받은 것은 물론이고 사망자들에게 거액을 보상해줘야 했던 것이다. 엎친 데 덮친 격으로 그는 뇌졸중으로 쓰러져 병원 신세를 졌다. 어쩔 수 없이 4형제 중 장남인 구제용 씨(73 · 현 고문)가 회사를 꾸려나가야 했다. 이런 악재 속에서 회사는 세무 조사까지 받았다. 그 결과 막대한 세금을 부과 받으면서 부도를 맞았다. 이후 형제들은 도망치듯 인천으로 회사 터전을 옮겼다.

1972년 의사인 막내 동생을 제외한 3형제는 뒤따라온 몇몇 직원들과 함께 인천 송림동에 〈경인기계공업사〉를 설립했다. 둘째인 구제성 씨(2006년 작고)가 사장을 맡고 셋째인 지금의 구 대표가 부장으로 회사를 이끌었다. 이때부터 냉방 장치의 핵심 설비인 냉각탑 제조에만 전념하기로 했다. 연 매출 10억 원 정도를 유지하던 사업이 급성장하기 시작한 것은 1985년 세계 최대의 냉각탑 제조회사인 미국의 〈말리(Marley) 쿨링타워〉와 기술제휴를 하면서부터이다.

1984년 당시 지인의 소개로 〈말리〉측 사람들이 실사를 나왔는데 조악한 현실에 당황하며 돌아갈 정도로 비관적이었다. 하지만 노력에 노력을 거듭한 끝에 이듬해 〈말리〉사와 기술제휴 허가를 받아내는 업적을 이루었다. 두 눈을 의심할 정도로 실감이 나지 않았고 어리둥절한 순간이었다. 당시 대기업들은 중소기업이 냉각타워를 제작한다는 것을 믿지 못했다. 하지만 〈말리〉의 브랜드와 기술을 제휴하게 되면서 〈경인기계〉의 입지는 높아졌고 사업은 날개 돋친 듯 번창해갔다. 때마침 정부의 경제 정책에 따라 울산, 포항 등에 제철 및 유화 공장이 우후죽순으로 생겨났고 〈경인기계〉에도 주문이 밀려들어왔다. 1987년에는 지금의 인천 중구 항동으로 회사를 확장, 이전했다.

위기는 새로운 도전

〈경인기계〉는 1992년 경제개발계획이 끝나면서 또다시 위기를 맞았다. 공장 규모는 커졌는데 일감이 줄어들기 시작한 것이다. 하지만 위기는 새로운 도전이었다. 구 씨 형제들은 기술 개발을 통해 제품을 차별화하는 쪽에 승부수를 던졌다. 우선 소음이 적고 크기가 작은 일본 냉각탑과 열 교환 성능이 우수한 미국 냉각탑의 장점을 결합해 〈경인기계〉만의 독자적인 제품을 개발했다.

냉각탑의 모양도 둥근 원통형에서 사각형으로 바꿔 용량에 따라 간편하게 이어 붙여 확장할 수 있도록 제작해 이송도 편리해졌다. 다른 회사의 제품보다 품질이 우수해 2.5배 이상의 높은 가격을 받고 팔 수 있었다.

1995년 〈말리〉사와 10년간의 기술제휴 계약이 끝날 무렵 〈말리〉측에서 합작 제의를 해 왔다. 10년 만에 우리의 기술력을 인정받아 합작을 제의해온 것이었다. 형제들은 고민 끝에 독자 노선을 걷기로 결정했다. 〈말리〉측에서는 무척 섭섭해했지만 더 이상 배울 기술이 없었기 때문에 제의를 거절한 것이다.

송영웅 부사장과 함께 냉각탑에 조립될 팬을 점검하고 있는 구제병 대표(오른쪽)

1997년 둘째 형님이 회장으로 물러나고 구제병 현 대표가 사장에 취임하면서 회사는 정식으로 기술연구소를 설립하는 등 연구개발을 강화했다. 이를 통해 확보한 특허만 32건에 달했다. 이후 〈경인기계〉와 〈말리〉는 인천공항 냉각탑 수주에서 경쟁자로 맞붙었다. 여기에서 〈경인기계〉는 40억 원짜리 대형 사업을 오더 받는 데 성공했다. 현재 이 회사의 냉각탑은 〈포스코〉, 〈한화〉, 〈LG필립스〉 공장 등 산업현장 뿐만 아니라 코엑스, 인천공항, 롯데백화점 등 중앙 냉난방식의 건물들에 설치돼 있다.

〈경인기계〉의 2008년 매출액은 200억 원 수준이다. 하지만 2009년에는 250억 원까지 성장할 것으로 기대하고 있다. 그 이유는 2년 동안 3억 원을 투자한 친환경 냉각탑 '에코다이나 쿨' 개발을 최근 마쳤기 때문이다. 이 냉각탑은 시각적으로 우수할 뿐 아니라 진동 및 소음을 획기적

으로 개선했으며 냉각탑에서 나오는 레지오넬라균을 없애는 항균장치
까지 갖췄다.

"우리 회사는 1997년 외환위기를 비롯해 어려울 때마다 성장의 발판
을 마련해 왔습니다. 지금 닥치고 있는 글로벌 경기불황도 우리에게는
또 다른 기회라고 생각합니다."

경인기계 2대

구제병

"국내 시장은 이미 포화 상태입니다. 이제는 해외에서 정면 승부를 펼쳐야죠. 냉각탑은 덩치에 비해 가격과 수익성이 낮아 '속 빈 강정'이라는 우스갯소리가 있지만 제품의 질이 월등히 뛰어나면 시장가의 두세 배는 더 받을 수 있습니다. 기술력은 이미 세계 1위 업체와 대등하기 때문에 해외 판로만 열리면 막대한 외화를 벌어들일 수 있습니다."

구 대표는 이미 2007년 두바이에 현지 법인을 세웠고 시드니 대학에서 경영학 석사 과정 중이던 맏아들 구태형 씨(31)에게 시장 개척 임무를 맡겼다.

"첫째 아들이 가업을 잇겠다는 뜻이 강했고 또 외국 생활을 오래 했기 때문에 직접 해외 시장을 뚫어보도록 했습니다."

두바이에는 냉각탑 수요가 무궁무진하다. 워낙 날씨가 더워 마을 전체의 냉방 시설과 연결된 대형 냉각탑을 마을마다 설치하는데 그 비용이 80~100억 원에 이른다. 지금까지 1~2억 원짜리 소규모 수주는 많이 했지만 아직까지 대형 공사는 수주하지 못했다. 〈경인기계〉는 2010년께부터 본격적인 대량 수출이 이뤄질 것으로 기대하고 있다.

"베트남 하노이 인근에도 1만 3200제곱미터(4000평)의 공장 부지를 확보해 뒀습니다. 이곳에 공장을 설립해 동남아 시장 진출의 교두보로 삼을 예정입니다. 더불어 아프리카 진출도 검토 중입니다.”

1967년 연세대 전기공학과를 졸업한 구 대표는 대학 시절부터 집이 곧 공장이었기 때문에 학교가 끝나면 자연스럽게 공장에서 일을 했다. ROTC를 마치고 일반 기업체에 취직하려고 한 적도 있었지만 ‘왜 내 에너지를 딴 곳에 쏟아붓나’라는 생각이 들어 냉각탑 제조업에 합류했다.

1975년 〈경인기계〉 법인을 설립할 때는 부장을 맡아 실무를 챙겼으며 그후 상무, 전무를 거쳐 대표를 맡고 있다. 구 대표는 회사 설립 이후 단 한 번도 체임, 체납, 체불이 없었다는 사실을 자랑으로 여겼다. 아버지가 일군 회사가 부도나는 것을 지켜본 경험 때문에 은행 자금을 끌어다 쓴 적이 없다. 구 대표는 또 중소기업 경영자로서의 어려움을 피력하며 현행 상속세 제도의 불합리함을 꼬집었다. 2006년 회장을 맡고 있던 둘째 형님이 세상을 뜨면서 형님이 보유하고 있던 지분 50%의 절반을 세금으로 내야 했기 때문이다.

“중소기업을 자식한테 넘기는 것은 엄청난 부담감과 책임감도 함께 물려주는 것이기 때문에 부의 세습으로만 봐서는 안 되는 것 같습니다.”

57년간 신용으로 지킨 와이셔츠의 원조

〈태양어패럴〉은 국내에서 가장 오래된 와이셔츠(화이트 셔츠, White Shirts) 전문업체이다. 1953년 설립돼 올해로 57년째 오로지 와이셔츠 하나만을 고수했다. 1950년대부터 1990년대 초까지 직장 생활을 해 본 남성들이라면 '아, 그 브랜드'하며 무릎을 칠 만한 '썬', '국화', '장미', '헬리우스' 등 국산 와이셔츠 브랜드로 명성을 누렸다. 1993년부터 라이선스 브랜드인 '파코라반'을 스페인에서 도입한 이후 중소 와이셔츠 제조업체 중에서는 최대인 연간 350억여 원의 매출을 올리면서 와이셔츠 명가로서의 입지를 굳혔다. 창업주인 장덕화(1905~1988) 전 회장이 대구에서 미싱 두 대를 갖고 시작했던 이 회사는 현재 2대인 장성덕 대표(64)에 이어 최근 장우석 부사장(32)이 회사에 합류, 3대째 가업을 대물림하고 있다.

대구 신사는 모두 '썬'표

경북 문경의 한 농가에서 태어난 장덕화 전 회장은 죽어도 농사일이 하기 싫어 13세 나이에 대구로 야반도주했다. 일본인 섬유 가게에서 점원 노릇을 하며 장사 방법을 익힌 그가 와이셔츠 사업에 나서기로 결심한 것은 한국전쟁이 끝난 뒤 일제 와이셔츠가 시장을 장악한 것을 눈여겨보았기 때문이었다. '천 조각을 이어 붙이면 다 옷인데, 저거 하나 못 만들까'라고 생각할 정도로 사업가적 기질이 뛰어났다. 〈태양봉제공업사〉를 차리고 일제 미싱을 들여와 생산에 나섰지만 첫 해에는 단 한 장도 팔지 못하는 수모를 겪었다. 입어본 느낌이 어딘가 불편했기 때문이다. 원단의 색감과 질감, 봉제 방법 등 세 박자를 잘 꿰는 숙련공이 없었고 디자인의 미묘한 차이도 몰랐기 때문이다. 그렇지만 우여곡절 끝에 1954년 처음 내놓은 '썬'표 와이셔츠에 대한 반응은 폭발적이었다. 당시 한 벌에 200원이었던 이 와이셔츠는 '싸지만 품질은 일제랑 비슷하다'라는 입소문을 타고 시장에 내놓기가 무섭게 팔려 나갔다. '같은 값이면 국산을 사자'는 애국심도 한몫했다.

1억 원 빌리면 1억 원짜리 적금 들어라

창업주인 장 전 회장은 돈 거래에 관한 한 유난히 엄격했다. 1974년 29세 나이에 서기로 취직한 장 대표는 자기가 감당할 능력(돈)의 70%만 가지고 사업을 해야 한다고 귀가 따갑도록 들었다. 그래서 1억 원을 빌리면 반드시 1억 원짜리 적금을 드는 원칙도 세웠다. 그는 자식에겐 엄격했지만 직원들에 대한 애정은 남달랐다. 55년간 임금과 상여금을 한 번도 미룬 적이 없다. 장 대표 역시 1995년 5,000만 원의 추석 상여금을 주기 위해 1억 8,000만 원짜리 보험을 깨 6,000만 원의 손해를 본 적도 있다. 당시 보험사에서 지급한 돈은 1억 2,000만 원이었다.

회사는 장 대표가 1987년 건강 악화로 1년간 병원 신세를 진데 이어 장 전 회장마저 1988년 노조 파업 충격으로 자리에 누운 지 한 달 만에

신상품 와이셔츠를 들고 이야기를 나누는 장성덕 대표(왼쪽)와 우석 씨

타계하는 악재가 겹치면서 매출이 4분의 1로 줄어드는 등 흔들리기 시작했다. 이 틈에 거래하던 하청업체들이 해외 유명 라이선스 브랜드를 너도나도 들여와 업계 선두권으로 치고 올라왔다. 이렇게 사정이 나빠지자 40여 년간 유지해온 토종 브랜드를 지키겠다는 자존심도 중요했지만 당장 회사가 살아나는 게 급했다.

장 대표는 1993년 석 달간 대구에서 서울로 매일 출퇴근하며 회사 살리기에 전념했다. 그 결과 파코라반 라이선스를 도입한 롯데백화점으로부터 서브 라이선스를 따내는 데 성공했다. 이 덕택에 그해 매출이 전년도 10억 원에서 70억 원대로 껑충 뛰어올랐다.

〈태양어패럴〉은 이제 해외로 눈을 돌리고 있다. 라이선스 브랜드만으로는 회사 성장에 한계가 있다는 판단에서이다. 자체 브랜드인 '헬리우스'를 '파코라반'만큼 유명한 세계적 브랜드로 키울 계획이다. 2002년

미국 유학 중 가업을 잇기 위해 귀국한 장우석 부사장이 글로벌 전략의
사령탑 역할을 맡고 있다. 그는 베이징에 첫 해외 매장 오픈 준비를 위
해 중국을 서른 번 이상 다녀왔다. 중국 진출을 계기로 동남아시아는
물론 유럽, 미국, 남미 등으로의 진출도 적극 추진할 계획이다. 이를 위
해 회사 이미지 관리에도 더욱 신경을 쓰고 있다. 그러나 57년간 써 온
회사명과 태양 형상의 현재 로고를 바꿔야 한다는 사내외 제안을 모두
거절했다.

"패션 기업은 전통이 생명입니다. 촌스럽든 개성이 없어 보이든 남은
40여 년을 끝까지 지켜내 100년 가업을 일궈야죠."

태양어페럴 3대

장우석

"와이셔츠 만드는 일을 직업으로 생각해본 적은 없었죠."

장우석 부사장의 꿈은 외교관이었다. 길거리에서 외국인들만 보면 염치 불문하고 말을 붙여야 직성이 풀릴 만큼 어학에 관심이 많았다. 방학이 되면 미국, 일본으로 나가게 해달라고 부모님을 졸라 대 '부모가 부릴 극성을 애가 한다'는 핀잔을 들을 정도였다.

유학 한 번 안 한 대구 촌놈이 중·고등학교 때 영어 말하기 전국대회 우수상을 매년 받을 수 있었던 것도 이 같은 열성 때문이었다. 독학으로 일본어도 익혔는데 우리말처럼 편하게 구사할 만큼 수준급이다. 외국어대(경영학)를 거쳐 2002년 미국 애리조나대학교에 입학한 직후만 해도 꿈을 이루는 데 큰 문제가 없을 줄 알았다. 그렇지만 같은 해 아버지가 당뇨병으로 갑자기 쓰러지는 바람에 외교관이 되겠다는 소망을 접어야 했다.

"입사한 뒤 총무 팀에서 서류 정리부터 했어요. 그제서야 회사의 50년 역사가 가슴에 확 들어오더라고요. 그만큼 예전에는 무관심했던 거죠. 내 일이고 내 회사라는 느낌이 오더라고요."

장 부사장은 업무 파악을 마친 뒤 모험에 나섰다.

아버지는 물론 회사의 도움 없이 〈선인터콥〉이라는 자회사를 2006년 독자 설립하고 중저가 남성 패션 브랜드인 'TXI(Total Exellent Item)'를 만들었다.

아버지는 '무슨 택시 회사를 만들었냐?'라며 좋지 않은 반응을 보이셨다. 물론 주변 사람들도 이구동성으로 반대했다. 그러나 장 이사는 물러서지 않았다.

귀금속 매장, 옷가게, 대형 할인점 등을 무작정 찾아다니며 '틈새시장이 있다. 분명히 뜰 것이다'라며 설득했다. 결국 '한 달 안에 매출이 안 나오면 자진 철수하겠다'라고 약속하고 홈플러스에 첫 매장 2곳을 얻어낸 게 2008년 1월이다.

2009년 TXI 매장은 35개에 달한다. 놀라운 성과다. 그를 포함해 직원 4명으로 올린 매출이 자그마치 60억 원이다. 라이선스 브랜드인 '파코라반'보다 질적으로는 나은 성과였다. 2009년에는 85억 원 돌파가 목표다.

비싸거나 싸거나 둘 중 하나로 양극화된 시장에선 중저가 브랜드가 먹힐 거라는 예상이 주효한 것이었다. 2008년 그는 아버지한테 난생 처음 '패션 감각이 없는 내가 널 낳았다는 게 신기하다'라는 칭찬을 받았다.

사실 그는 대학 재학 시절 이미 빨강, 파랑, 분홍, 보라 등 총천연색 옷을 입고 다닐 만큼 튀었다. 캠퍼스가 그의 패션쇼 무대나 마찬가지였던 것이었다. 검은색 비닐 옷에 파란색 컬러 렌즈를 끼고 간 적도 있었다. 이때 '어린 왕자'라는 별명도 붙었다.

그는 장인 정신과 브랜드를 접목하는 일에 관심이 많다.

"제 대에서는 어렵겠지만, 언젠가는 한국에서도 '페라가모 같은 세계적 브랜드가 나올 수 있게 할 겁니다. 그것도 진짜 외교관 이상으로 의미 있는 일 아닌가요?"

행남자기

4대를 잇는 장인정신,
명품에 인생을 걸다

1980년 5월 네덜란드 암스테르담. 유럽 최대 도자기 유통 회사인 〈융거한스〉 사장이 도자기 샘플을 챙겨 일어서려던 30대 한국 청년의 소맷자락을 황급히 낚아챘다. 제품 자랑을 한 귀로 흘려듣던 사장이 청년을 돌려 세운 것은 10여 장의 접시가 눈앞에서 순식간에 깨져 나간 사건이 벌어진 직후였다. 제풀에 지쳐 꽁무니를 뺄 줄 알았던 한국 청년이 사무실에 진열된 유럽산 그릇을 자신의 가방에서 꺼낸 10개의 접시와 하나씩 맞부딪친 것이다. 결과는 10전 10패. 유럽산이 무릎을 꿇었다. 〈로열덜튼〉, 〈로열코펜하겐〉 등 400년 전통의 세계적 도자기 회사들이 즐비한 도자기 본고장 유럽의 빗장이 열리는 순간이었다.

우리 식기는 우리 손으로

배짱 한번 두둑했던 이 에피소드의 주인공은 바로 김용주 행남자기 회장(68)이다.

"품질을 못 믿기에 쇼를 좀 했지. 연습을 해 갔으니 망정이지 각도만 조금 달랐어도…, 허허. 지금도 그때를 생각하면 아찔해."

때리는 방법에 따라 결과가 달라질 수 있었기 때문이다.

　그로부터 28년이 지난 지금 〈행남자기〉는 한 해 2000만 개의 도자기를 생산, 국내는 물론 미국, 영국, 이탈리아, 일본 등 세계 20여 개 국에 수출하는 국내 1위의 도자기 회사로 성장했다. 1942년 고(故) 김창훈 창업회장이 첫발을 내디딘 〈행남자기〉는 김준형 명예회장(2008년 작고)에서 김용주 회장으로, 이제 김 회장의 장남인 김유석 전무(38)로 4대째 이어지며 도자기 산업의 역사를 새로 쓰고 있다.

　올해로 67주년을 맞는 〈행남자기〉의 모태는 1942년 5월 김창훈 창업회장이 전남 목포에 설립한 〈행남사〉이다. 일제의 징발로 사라진 놋쇠 그릇의 빈자리를 일본산 도기가 차지하는 것을 보고 '우리 기술을 배워 간 일본에 질 수는 없다'라는 자존심이 발동했기 때문이다. 창업주는 1941년 당시 27세였던 아들 김준형 명예회장을 일본 최고 도자기 기술 보유 기관인 아리타 도자기 시험장에 보내 기술을 배워 오도록 했다.

제품 전시관에서 포즈를 취한 김용주 회장(왼쪽)과 유석 씨

여기에 한국 전통 도자기 기술을 접목할 경우 일본을 넘어 세계적인 도자기 회사로 성장할 수 있다는 생각에서였다. 김 명예회장은 '선친께서는 공원 노숙을 밥 먹듯 하면서 힘겹게 기술을 익혔다'라고 창업 초기의 어려움을 전했다.

국내 첫 도자기 제조 회사였던 〈행남사〉에는 '최초'란 수식어가 늘 따라붙는다. 1953년 국내 최초로 양식기를 개발했으며, 1957년에는 국내 최초로 본차이나를 자체 기술로 생산, 1963년 국내 최초 도자기 해외 수출(홍콩) 등을 이뤘기 때문이다. 업계에선 '국산 도자기 산업사와 행남자기 연혁이 거의 일치한다'라고 말할 정도이다. 또한 〈행남사〉는 기업만을 돌보지 않았다. 장학 사업, 불우이웃돕기 등 기업 이익 환원에 관심을 쏟았다. 그런 〈행남사〉의 관대한 정신 때문이었는지 목포 공장에 불이 났을 때 지역 주민의 도움으로 위기를 극복할 수 있었다. 주민들이 밤새도록 너나 할 것 없이 불길 진압을 위해 자진해서 양동이를 날랐다. 불을 진화하고 남은 양동이의 수가 무려 1200개나 됐다. 당시 목포 인구가 10만 명 정도였음을 감안하면 얼마나 많은 가정이 불끄기에 동참했는지 짐작할 수 있다.

현금을 들고 공장 앞에 줄 서는 점주

김 명예회장은 1957년 원료 배합 기술과 소성(燒成) 기술을 결합시켜 순수 국내산 본차이나를 만들어 내는 데 성공하면서 선풍적인 인기를 끌었다. 이때부터 〈행남자기〉의 기술 수준은 이미 네덜란드, 영국,

일본 등에 근접해 있었다는 업계 평가를 받았다. 김 명예회장이 기틀을 닦은 기술력은 1985년 국내 처음으로 베네수엘라에 도자기 공장 플랜트를 수출하는 성과로 이어졌다. 이후 3대 김용주 회장은 마케팅과 디자인을 강화하는 전략으로 〈행남자기〉를 이끌고 있다. 그는 미국 펜실베이니아 주립대에서 인터내셔널 비즈니스로 경영학 석사 학위를 취득했다. 오일쇼크가 한창이던 1974년 평사원으로 입사한 뒤 전공을 살려 수출 물꼬를 트는 데 주력했다. 돌파구를 찾은 것은 스톤웨어이다. 미국인들의 식습관을 연구해 두껍고 튼튼하게 만든 식기류가 결국 입소문을 탔다. 스톤웨어는 9개월 만에 100만 달러어치나 팔려 나갔다.

김 회장은 유명 디자이너와의 협업을 통한 파격적 디자인 제품을 지속적으로 선보여 브랜드를 고급화하고 기술 혁신에 힘썼다. 가마에 산소를 불어넣는 방식으로 검푸른 빛깔의 '산화 자기'를 유백색으로 만든 아이보리 차이나와 색감을 고급화한 스노우 본차이나 등 프리미엄급 도자기 그릇류를 잇따라 선보여 1970~80년대 내수 시장을 석권했다. 이때가 〈행남자기〉의 최고 전성기였다. 공장 앞에 현금 다발을 손에 든 총판 점주들이 줄을 섰기 때문에 영업사원이 따로 필요 없었다.

〈행남자기〉는 2007년 '세계 톱3 브랜드 진입'을 새 비전으로 선포하고 브랜드 고급화를 선언했다. 이를 주도하는 곳이 김유석 전무가 사령탑을 맡고 있는 국내 마케팅 본부이다. 중국산 저가 제품과 고가 해외 명품 도자기의 범람으로 매출과 수익성이 떨어지고 있는 시장 상황을 고급화 전략으로 돌파하겠다는 것이다. 김 전무는 이를 위해 국내는 물론 해외에서 인정받는 저명한 디자이너의 작품을 브랜드화했는데 그것이

'Designers' Collection'이다.

김 회장의 디자인 경영을 계승하고 있는 셈이다. 2006년 5월 출시된 세계 3대 산업디자이너인 아릭 레비가 디자인한 제품과 사진작가 김중만 씨의 작품을 담은 제품은 현재 해외에서 좋은 반응을 얻고 있다. 특히 청와대 전용 식기, 남북정상회담 식기, 노벨상 공식만찬 식기, 예멘 대통령궁 식기 등 국내외에서 인정받은 제품의 우수성을 바탕으로 해외 진출에도 적극 나서고 있다. 이와 함께 이월 상품과 신상품이 뒤섞인 어지러운 유통 시장을 개선, 직영유통 중심으로 사업을 전환하는 작업도 추진 중이다.

"글로벌 시장의 눈높이에 맞추려면 무엇보다 유통 시장 변화에 보다 적극적으로 대처해야 합니다. 차별화된 고급 브랜드 개발로 2010년까지 세계 3대 도자기 회사로 우뚝 서겠습니다."

행남자기 4대

김유석

"PDA와 USB메모리, 그리고 A4지죠."

도자기 명가를 4대째 잇고 있는 김유석 전무는 '경쟁력이 무엇이냐?'라는 질문에 이렇게 답했다. 성실함이나 추진력 등 성격적 장점이 아니라 휴대형 첨단기기를 '신뢰하는 물건'이라고 내세운 것이다.

"20년간 써온 PDA는 그간 형성한 인적 네트워크가 집적돼 있고, USB에는 사업 아이디어 등 모든 비밀이 숨겨져 있기 때문이지요."

'위험하지 않느냐?'라는 물음에는 'NO'라고 자신 있게 반박했다. 직접 설계한 특수 보안장치가 들어 있어 CIA 요원도 열 수 없다는 얘기다.

그는 대학 시절부터 소문난 컴퓨터 마니아였다. 그가 대학(한양대 산업공학) 대표 집행위원으로 활동했던 전국 컴퓨터연합동아리 '유니코사'는 쟁쟁한 컴도사들이 거쳐 간 곳이다. 그중 한 명이 이찬진 드림위즈 대표다. A4지에는 아이디어, 대화 내용 등이 빼곡히 적혀 있다. USB 저장을 위한 초고인 셈이다. 그런 그가 전통 제조업인 도자기 사업과는 궁합이 잘 맞을까?

그는 '도자기는 내 운명'이라고 잘라 말했다. 첨단과 전통의 장점은 결합되게 마련이라는 이유에서다. 정글법칙이 적용되는 시장 생리도 대학생 시절에 익힌 것이다.

"유명 전자 회사 인턴으로 들어가 제품 기획, 마케팅을 배웠죠. 경쟁사 직원으로부터 뺨을 맞고 길거리에서 신문지를 덮고 자면서 살벌한 경쟁 원리를 뼈저리게 체험했습니다."

고정관념을 깨는 생각의 혁신도 이때 익혔다. 그는 이 같은 경험을 회사경영에 십분 활용하고 있다. '타워프로젝트'가 대표적이다. 매주 자유 주제를 정해 신세대 사원들과 난상토론을 즐긴다. 세계 최초로 본차이나 세면대인 '쿤(Koohn)'을 기획하고 대학생을 대상으로 한 UCC(User created china) 브랜드를 만든 것도 이런 토론식 대화의 결과다.

"처음 쿤을 기획했을 때 아버지께서 '그거 성공하면 내 손에 장을 지진다'라며 말렸죠. 디자인을 고급화하면 성공할 수 있다고 아버지를 설득했습니다."

이렇게 가족 간 깊은 대화는 제사 때에도 어김없이 이어진다. 연간 13회 가량 치르는 제사에는 직계 가족 50여 명이 매번 참석해 가족 대소사는 물론 회사의 주요 현안을 논의한다는 게 김 전무의 설명이다.

〈행남자기〉는 2042년 100주년을 맞는다. 김 전무는 벌써부터 미래 〈행남자기〉의 모습을 구상 중이다.

"당연히 도자기 사업은 계속합니다. 회사가 더 이상 가족들만의 기업이 아니기 때문이죠. 전통의 가치와 첨단 기술을 조화시키는 게 제 몫인 만큼 실력과 부지런함으로 승부할 생각입니다."

46년간 33억 개,
볼펜의 신화창조

1962년 5월 서울 경복궁에서 열린 국제산업박람회장. 〈광신화학공업〉(1967년 〈모나미〉로 상호 변경) 상무였던 송삼석 씨(〈모나미〉 창업주, 회장, 81)는 거래처인 일본 문구류 무역업체 〈우치다 요코〉사의 직원이 하얀색 몸통의 필기구로 보고서를 쓰는 것을 눈여겨보고 있었다. 필기구라면 펜이나 붓밖에 모르던 시절에 송 회장에게 그런 물건은 신선한 충격이었다. 더군다나 일본에서는 국제산업박람회에 출품되지 않을 만큼 이미 대단한 제품이 아니었던 것이다. 그때가 바로 '모나미 153' 볼펜의 역사가 시작되는 순간이었다. 누구나 한 개씩 갖고 있을 볼펜의 대명사이자 46년간 약 33억 개가 만들어진 모나미 볼펜, 이를 일렬로 줄을 세우면 지구 둘레 열 바퀴가 넘는다.

국내 첫 볼펜 '내 친구(MonAmi)153'

송 회장은 〈우치다 요코〉사 직원으로부터 얻은 볼펜 한 자루를 직원들과 뜯어봤다. 그는 볼펜이 플라스틱 관에 들어 있는 잉크를 흘러나오게 하는 단순한 구조였다. 플라스틱 관에 농축 잉크를 채워 넣는 기술과 잉크를 조금씩 흘러나오게 하는 팁(볼펜 끝에 볼이 달려 있는 부분)

제작 기술만 확보하면 볼펜을 만들 수 있다고 판단했다. 송 회장은 〈우치다 요코〉사 직원이 가져온 카시오 전자계산기 10대를 팔아 주고 일본의 볼펜 제조사인 〈오토볼펜〉을 소개받았다. 〈오토볼펜〉은 자신들의 팁을 사다 쓰는 조건으로 농축 잉크 기술만 가르쳐줬다. 할 수 없이 농축 잉크는 자체적으로 개발, 1963년 5월 자체 기술로 만든 볼펜 '모나미 153'을 출시했다.

'모나미'라는 이름은 '내 친구'라는 뜻을 가진 프랑스어다. 어떤 이름을 지을까 직원 회의에서 고민하던 중 프랑스어에 관심이 많았던 직원이 제안한 이름이었다. 브랜드에 크게 관심이 없던 시절이었고 어감도 좋아서 사용하기 시작한 것이다.

송 회장은 그냥 모나미 볼펜이라고 하기에는 아쉬워 색다른 이름을 찾던 중 한 직원이 153을 제안했다. 153을 더하면 가보(노름판에서 화투 끗수를 합쳐 9가 되는 것을 일컬음)가 나온다는 것이다. 처음에는 어이가 없어 그냥 웃고 넘어가려 했는데 153이라는 숫자를 어디서 본 듯한 생각이 나서 성경을 펴 보니 요한복음에 베드로가 물고기를 153마리 잡았다는 대목이 써 있어서 착안하게 되었다.

이처럼 많은 성과를 기대하는 의미가 담긴 '모나미 153'이었지만 시작은 순탄치 않았다. 1964년 볼펜 국산화를 목표로 스위스에서 팁 생산 장비를 들여와 가동하던 중 불이 나 공장이 모두 잿더미가 됐다. 사고를 겨우 수습한 다음에는 사람들의 편견과 펜촉 및 잉크를 만드는 회사들의 악선전에 시달렸다. '볼펜으로 글씨 쓰면 악필이 된다'라는 이야기가 당연하게 여겨지던 시대였기 때문이었다. 이를 없애기 위해 은행

모나미 문구를 들고 있는 송삼석 회장(왼쪽)과 송하경 대표

이나 관공서에 공짜로 볼펜을 나눠주며 써보라고 권하기도 했다. 이런 노력 끝에 〈모나미〉는 153볼펜으로 1968년 국내 문구류 중에서 최초로 KS마크를 획득하고 1970년대에는 '왕자파스', 1980년대에는 지금도 많이 쓰이는 '플러스펜' 등을 잇달아 내놓으며 국내 문구제조업의 최강자로 자리 잡았다.

특히 '모나미 153'의 인기에 힘입어 〈광신화학〉은 1967년 볼펜 이름인 〈모나미〉로 사명을 변경하는 시대를 앞선 브랜드 전략을 펼쳤다. 이때 송 회장은 동업을 청산하고 초대 〈모나미〉 대표로 취임했다.

CI 교체하고 변신하는 모나미

송하경 대표(50)는 대학 졸업 후 평사원으로 1986년 〈모나미〉에 입사했다. 그는 3형제 중 맏아들이다. 사실 아버지는 그에게 사업을 맡으라고 한 마디도 하신 적도 없고 강요한 적도 없었다. 하지만 어렸을 때부터 당연히 사업을 이어야겠다는 생각이 지금까지 이어진 것이다. 그는 사업에 필요할 것이라 판단해 대학에서 통계학을 전공으로 택할 정도로 다른 일은 생각해본 적도 없었다.

송 대표는 과장, 차장을 거쳐 이사로 경영수업을 받던 중 발생한 노사분규를 해결하면서 부친의 신임을 얻었다. 무려 1년간 공장에서 먹고자며 조합원들을 설득했기 때문에 문제를 해결할 수 있었다. 회사는 최근 CI(이미지 통합)를 교체하고 신사옥에 입주하는 등 외형상으로도 혁신을 꾀하고 있다.

"46년을 이어온 내 친구(MonAmi)가 100년 친구가 될 수 있도록 계속 노력하겠습니다."

모나미 2대

송하경

"이미 153이나 플러스펜을 모르는 소비자가 없을 정도로 〈모나미〉의 브랜드 인지도가 높지만 그동안 볼펜 회사 이미지가 너무 강했습니다. 앞으로는 계속 변화하려고 합니다. 〈모나미〉하면 떠오르는 게 볼펜 회사가 아니고 종합 문구서비스 기업이 되도록 하겠습니다."

이를 위해 우선 모나미 볼펜과 플러스펜에 〈모나미〉 로고를 작게 새기거나 아예 없앨 방침이다. 또 국내 볼펜 시장의 70%를 점유하고 있지만 정체기에 이른 국내 문구 수요 등으로 수익성을 높이는 데 어려움이 많아 사업 다각화를 추진하고 있다. 볼펜 회사의 이미지를 벗어나면서도 새로운 도약을 위해 현재 총 10조 원 안팎으로 추산되는 국내 사무용품 유통 서비스 시장에서 활로를 찾고 있다. 송 대표는 2000년 유통 브랜드인 '오피스플러스'를 만들고 문구유통업을 시작했다. 2007년 12월 시작한 '모나미스테이션'은 문구 및 사무용품은 물론 PC, 프린터, PDA 등 디지털 제품에 아이스크림, 담배까지 판매하는 사무용품 편의점이다. 현재 대전, 부천, 역삼 등 14개점을 운영 중이다.

"2년 후에는 전국에 84개 매장을 확보하고 800억 원의 매출을 올릴 계획입니다. 배송 및 우편 서비스도 가능한 토털 오피스 서비스를 제공하려고 합니다."

또 24시간 가동하는 자체 디자인 연구소인 '디자인 팩토리'를 '모나미 스테이션'과 연계해 고객이 주문한 인쇄물에 필요한 디자인 및 출력 서비스까지 실시간으로 제공하고 있다. 〈모나미〉는 텃밭인 문구 제조에서도 새로운 변신을 꾀하고 있다.

"본격적으로 고부가가치 산업용 문구류를 개발해 문구 산업의 블루오션을 개척할 방침입니다. 이를 위해 2007년 4월 산업용 문구 브랜드인 '마커스(Markus)'를 출시했습니다."

마커스의 대표 제품으로는 '페인트 마커'와 '생잉크보드 마커'가 있다. 2007년 말 개발을 마친 '페인트 마커'는 유리, 금속, 목재 등 다양한 재질에 사용이 가능해 조선, 건설 등의 각종 현장에서 쓸 수 있다. '생잉크보드 마커'는 세계 최초로 보드 마커에 생잉크를 사용한 제품이다. 잉크의 잔량을 사용자가 직접 확인할 수 있고 마지막까지 일정한 품질이 유지되는 특징이 있다.

"칠레, 모로코, 나이지리아 등에 수출하고 있습니다. 산업용 문구 사업은 전인미답 분야로 선점자가 세계 시장을 주도할 수 있습니다. 앞으로 수술용이나 얼룩을 지우는 마커 등 전문 산업용 마커와 생활에서 쓸 수 있는 제품도 지속적으로 개발할 계획입니다."

이 같은 사업 다각화를 통해 〈모나미〉는 2007년에 문구류 매출(1,900억 원)만 있었으나 2008년부터는 문구류 외에 모나미스테이션과 산업용 마커류 분야에서 신규 매출이 발생하고 있다.

국보급 건축물 기와는
모두 우리의 작품

- 1대 김영하
- 2대 김은동
- 3대 김병주

경복궁, 창덕궁, 덕수궁, 숭례문, 해인사 지붕의 공통점은 무엇일까? 모두 전통식 지붕이라는 점 이외에 한 가지 더 있다. 바로 건축물의 지붕재로 경북 고령의 〈고령기와〉에서 만든 제품이 쓰였다는 것이다. 이처럼 국내에서 이름 있는 고건축물 지붕에는 어김없이 〈고령기와〉가 올라가 있다. 〈고령기와〉는 창업주 김영하 씨(1995년 작고)가 1953년 설립해 2대 김은동 회장(60)을 거쳐 현재 3대 김병주 대표(33)가 경영에 참여하고 있다.

하루에 사용되는 흙만 150톤

〈고령기와〉는 한 해 약 100억 원의 매출을 올리며 시장의 40%를 점유하고 있는 명실공히 국내 1위 기와 제작업체이다. 이 회사는 현재 하루 3만 장, 연간 800만 장의 기와를 생산 중이다. 〈고령기와〉가 생산하는 품목은 크게 한식 기와와 서양식 기와인데 김은동 회장이 한식 기와 사업을 주로 맡고 김병주 대표가 서양식 기와 사업을 담당한다.

지금도 그렇지만 당시에도 경북 고령 지방의 흙은 '고령토'라 불리며 도자기나 옹기를 만드는 데 최적의 재료였다. 그런 까닭에 고령군 구곡

면은 '기왓골'로 불릴 정도로 기와 가마가 많았다. 평소에는 농사 등 생업에 종사하다 필요한 수요가 있을 때만 수작업으로 기와를 생산하던 사람들이 대부분이었다. 당시 개진면장으로 재직하고 있던 창업주 김영하 씨는 고령 지방의 흙을 눈여겨봤다. 그는 전통적인 기와 제작 방식이 사라져가는 것을 몹시 안타까워한 나머지 전통을 살리겠다는 일념으로 사업에 뛰어든 것이다.

창업주인 김영하 씨는 1953년 현재 〈고령기와〉의 전신인 〈고령한와〉를 세워 초기에는 전통적인 방식으로 기와를 굽는 이른바 '두꺼비가마'에서 기와를 만들기 시작했다. 고령 지방에서 나는 양질의 점토로 제작하면서 1960년대 들어서면서부터 자타가 공인하는 기와 장인으로 명성을 얻기 시작했다. 그러다 정부가 1960년대 말부터 추진했던 문화재복구사업에 참여하게 되면서 유명세를 탔다. 그 결과 1971년 문화재관리국으로부터 품질을 인정받아 국내 1호의 기와 납품업체로 지정받았다. 이후 국보 1호인 숭례문을 비롯해 경주 안압지와 임해전, 불국사 등 국내 유명 문화재 및 사찰에 기와를 납품하면서 〈고령기와〉의 이름이 널리 알려졌다.

하지만 명성만큼 회사가 크게 성장했던 것은 아니었다. 당시 회사의 생산 방식이 가내 수공업 수준이어서 생산량 증대에 한계가 있었기 때문이었다. 게다가 전통 방식을 엄격하리만큼 지켰던 창업주의 의지 때문에 효율성이 낮을 수밖에 없었다. 그의 장인 정신은 투철했지만 사실 사업가 기질은 없었다. 사람이 너무 좋다 보니 오히려 회사가 빚을 지는 상황에 이르기도 했다.

1천 년을 가는 제품을 위해

창업주 김영하 씨가 전통 장인이었다면 2대 김은동 회장은 사업가라고 평가할 수 있다. 그가 회사를 키웠다고 해도 과언이 아니기 때문이다. 김 회장은 1972년 입사해 1986년 대표에 취임하기까지 기와를 직접 만드는 등 경영수업을 받았다.

김 회장은 회사를 물려받고 싶은 생각은 없었으나 회사 일을 하나둘 접하며 손에 익고 재미가 생겨 지금껏 운영하고 있다. 그러나 가업을 이어받은 결정적 계기는 고령이 대가야의 옛 수도로서 유명한 도요지가 산재해 있다는 점과 가야 토기의 재현에 흥미를 느꼈기 때문이었다. 그만큼 김 회장의 기와에 대한 자부심은 남다르다. 그는 '천년을 가는 제품을 만드는 것이 소명'이라고 생각한다.

김 회장은 입사 후 국내에서 누구도 시도하지 않았던 기와의 대량생산을 추진했다. 1982년 재래식 가마를 철거하고 기계식 가마를 도입한 데 이어 굽는 방식도 바꿨다. 기와를 쌓아 놓고 굽는 것이 아니라 책장에 책을 꽂듯이 틀에 채워 놓고 굽는 새로운 방식을 개발해 70%에 달했던 불량률을 10% 이하로 낮췄다. 김 회장은 본격적인 대량생산을 위해 1989년 약 3만 3000제곱미터(1만 평) 부지에 6600제곱미터(2000평) 규모의 자동화 설비를 갖춘 제1공장을, 2001년에는 100억 원을 들여 8300제곱미터(약 2500평) 규모의 제2공장을 세웠다.

대량 생산을 해도 전통적인 제작 방식이 바탕이 돼 품질이 뛰어났다. 이 같은 품질을 인정받아 서울 시내에 있는 경복궁, 창덕궁, 덕수궁을 비롯해 부석사, 해인사 등 국내 대표적인 각종 고건축물에 기와를 납품했다. 김 회장은 경쟁 회사에 기술을 전수해 주기도 했다. '경쟁이 있어야 우리도 발전한다'라는 그의 신념 때문이었다.

지금 국내에 KS규격에 맞는 기와를 생산하는 업체는 20여 곳으로 〈고령기와〉로부터 기술을 배워간 곳이다. 김 회장은 각 회사마다 가마 모양이나 생산 방식이 똑같은 것을 아쉬워한다. 대량생산으로 사업을 확장한 만큼 전통 역시 조금 더 살려보고 싶은 게 그의 바람이다.

3대를 물려받은 김병주 대표는 진통을 넘어 기와의 현대화 사업에 적극 나서고 있다. 가업을 잇기 위해 대학에서도 세라믹공학을 전공할 정도였다. 김 대표는 2004년 입사해 2006년 대표이사에 취임하기까지 기와를 직접 생산하는 등의 경영수업을 받았다.

그의 목표는 '전통기와 생산에 안주하지 않고 기존의 획일화된 지붕 문화

고령기와를 소개하는 김은동 회장(오른쪽)과 김병주 대표

를 탈피하는 것'이다. 그래서 그는 기존의 한식 기와와 더불어 서양식 기와를 개발하고 있다.

기존의 한식 기와가 그을림 방식으로 색상을 냈다면 서양식 기와는 유약을 사용해 현대적 감각의 다양한 색상을 내고, 한식 기와에 비해 가벼워 현대식 건축물의 지붕재로 적합하기 때문이다. 〈고령기와〉는 2007년 김 대표가 개발한 S형 기와와 프렌치형 기와로 전체 회사 매출의 절반 정도인 약 45억 원의 매출을 달성했다. 그리고 2008년 5월에는 기와 한 장으로 세 장의 시공 효과를 볼 수 있는 일체형 기와도 내놓았다. 성과로 놓고 보면 아버지에 필적할 만큼 성장한 것일 수도 있겠지만 그는 절대 자만하지 않는다.

그는 오늘도 '월 1000만 장을 생산하는 기와업체로 키우고 싶다'는 포부로 일선에서 매진하고 있다.

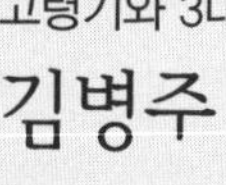

고령기와 3대

김병주

"유럽·일본에선 기와가 최고의 지붕재로 각광받고 있지요. 지붕재로서 기와만큼 우수한 것은 없습니다. 외국에서는 축사에서나 쓰는 저급한 금속기와나 아스팔트슁글을 값이 싸다는 이유로 우리나라 지붕에 얹은 것을 보면 안타깝습니다."

아스팔트슁글은 석유 찌꺼기인 아스팔트에서 추출한 물질로 어디서나 흔히 볼 수 있는 지붕재이다.

"아스팔트슁글은 내구성이 떨어져 수시로 유지보수를 해야 합니다. 지붕재로서 최소한 갖춰야 할 소음차단 및 단열 기능이 없으면 불연재도 아니죠."

김 대표의 기와 예찬론을 들어보면 먼저 뛰어난 단열성을 자랑한다.

"기와를 얹으면 여름에는 시원하고 겨울에는 따뜻하죠. 냉·난방비를 20%가량 절약할 수 있습니다. 또한 기와로 된 지붕재는 반영구적으로 쓸 수 있습니다. 1천 년이 넘은 고건축물이 별다른 유지보수 없이도 건재한 것만 봐도 이 사실을 알 수 있죠."

현재 〈고령기와〉에서 생산되는 기와는 한식 그을림 기와와 서양식 평판형 기와 등 크게 두 종류이다. 한식 그을림 기와는 고건축물에서 쉽게 볼 수 있는 등이 굽은 검은색 기와이다. 반면 서양식 평판형 기와는 평평하고 가벼운 특징이 있다. 평판형 기와는 유럽식의 세련된 지붕선을 표현할 수 있는 장점이 있다. 또 측면과 상부에 빗물 방지 턱이 있어 기와의 이음새로 스며드는 빗물을 쉽게 배수시켜 방수 능력도 뛰어나다. 특히 회사가 자체 개발한 루프클립(Roof Clip) 장치로 기와를 맞물리게 해 바람이 강한 곳이나 고층에서도 분리나 낙하의 위험성이 없다.

"기와도 얼마든지 현대식 건물에 잘 맞습니다. 현재 유럽과 일본에서는 최고의 지붕재로 각광받고 있지요."

이처럼 현대식을 강조한다고 해서 김 대표가 전통에 소홀한 것은 아니다. 그는 2004년 금강산 신계사 대웅전을 준공할 때 아버지인 김은동 회장에게 건의해 기와 15,000장(시가 3500만 원)을 무상으로 기부했다. 그리고 국보 1호 숭례문이 화재로 무너졌을 때에는 아버지 김 회장과 함께 무척 안타까워했다.

"숭례문에 사용된 기와는 규격품이 아니어서 별도로 일일이 수작업을 해야 합니다. 필요하다면 얼마든지 만들어서 기부할 생각이지요. 문화재 복원에 〈고령기와〉가 필요하다면 언제 어디서든지 환영합니다. 가업을 승계하면 회사에 대한 자부심이 높아집니다. 좋은 품질의 제품을 만드는 데는 가업 승계가 꼭 필요하다고 생각합니다."

장인정신 물려받아
파스 명가 일군 사위

● 1대 이영수

● 2대 김한기

경기도 안산 반월공단에 있는 〈신신제약〉 생산 공장. 내부에는 파스 특유의 톡 쏘는 멘톨 향이 코를 찌른다. 돌돌 말린 부직포 원단이 차례차례 도포(塗布. 약 등을 겉에 바르는 것) 기계를 통과하자 순식간에 메틸살리신산과 멘톨 등이 함유된 파스 성분이 입혀진다. 이곳에서 만들어 내는 파스는 연간 2억 장 안팎이다. 근육통을 잡는 데 특효약인 '전통 파스'에서부터 '붙이는 관절염 치료제'로 불리는 플라스타에 이르기까지 생산하는 종류만 20개가 넘는다. 여기에 '뿌리는 파스'와 각종 반창고까지 더하면 생산 품목은 80종을 헤아린다. 우리나라 성인이라면 누구나 한 번쯤 '신신파스'를 붙여 봤을 정도로 파스 업계에서 '신신파스'의 브랜드 가치는 자동차업계의 〈현대자동차〉와 대등하다.

파스의 명가 '신신'

제약업계에서 〈신신제약〉은 '파스 명가(名家)'로 통한다. 혈관을 확장해 주는 메틸살리신산과 후끈한 느낌을 주는 멘톨 등으로 만드는 전통 파스 시장의 90% 이상을 점유하고 있기 때문이다.

비(非)스테로이드성 소염진통제를 주성분으로 하는 플라스타 시장에

이영수 회장(오른쪽)으로부터 가업을 물려받은 맏사위 김한기 대표

선 〈태평양제약〉의 '케토톱', 〈SK케미칼〉의 '트라스트', 〈제일약품〉의 '케펜텍'과 함께 4강 체제를 형성한다.

2008년에 올린 매출액은 345억 원 수준이다. 파스, 반창고 등 외용제(피부에 바르거나 붙이는 약)만으로 이 정도 매출을 올리는 제약사는 국내에서 〈신신제약〉이 유일하다.

〈신신제약〉의 출발은 한국전쟁이 발발하기 직전인 1950년 초로 거슬러 올라간다. 상업고등학교를 졸업한 뒤 화학업체에 다니던 이영수 회장(82)이 지인 3명과 함께 〈신신제약〉을 설립한 것이 시초였다. 국민 소득이 늘어나면 파스를 비롯한 의약품 수요도 그만큼 확대될 것으로 내다본 것이었다.

하지만 예측은 빗나갔다. 3년간 계속된 전쟁은 〈신신제약〉을 개점휴업 상태로 만들었다.

상황은 전쟁이 끝난 뒤에도 별반 나아지지 않았다. 밀수선을 통해 국내로 유입된 일본 파스에 비해 효능이 형편없이 떨어졌기 때문이다. 주문이 들어오지 않아 며칠씩 공장 문을 닫는 일도 비일비재했다. 이 회장은 '성장을 위해선 적극적인 투자가 필요하다'라고 주장했지만, 동업자들은 '더 이상의 투자는 위험하다'며 선을 그었다.

급기야 이 회장은 1959년 동업자들의 지분을 인수, 제2의 창업을 선언했다. 1959년 이전의 〈신신제약〉은 '제약사'라는 이름을 붙일 자격이 없기 때문에 회사의 공식 창립일도 1959년 9월 9일로 정했다. 이때를 기점으로 〈신신제약〉은 서서히 파스 명가의 모습을 갖춰나가기 시작했다.

제품 개발에 적극적으로 나서는가 하면 영업망도 하나둘씩 늘려나갔다. 당시 박정희 대통령이 밀수 단속을 강화하라고 지시한 덕분에 일본 파스가 자취를 감춘 것도 매출 확대에 도움이 됐다.

본격적인 성장의 발판은 1969년에 마련됐다. 이 회장이 일본을 수십 차례 오가며 설득한 끝에 당시 일본 최대 파스업체인 〈니치반〉으로부터 파스 제작 기술을 고스란히 전수받게 된 것이다.

파스 제작 기술 도입으로 새롭게 태어난 '신신파스'에 소비자들은 열광했다. 더욱이 1970년대 말부터는 자체 기술로 만든 '신신파스'를 선보이기 시작했다. '신신파스'는 1970~80년대 〈대일화학공업〉의 '네오파스'와 국내 파스 시장을 양분하며 〈신신제약〉의 이름을 드높이는 데 일등공신 역할을 했다.

아들이 아닌 사위에게 대물림

이 회장이 김한기 대표에게 러브콜을 보낸 건 1987년이었다. 사내에 금전 관련 사고가 잇따르자 '믿을 만한 사람에게 내부 관리를 맡겨야겠다'라고 판단한 것이다. 하지만 하나뿐인 아들(이병기 명지대 교수)은 컴퓨터공학을 연구하는 데 평생을 바치겠다고 선언한 상태였다.

자연스레 〈대한항공〉 로스앤젤레스(LA) 지사를 거쳐 미국 무역업체에 다니던 맏사위인 김 대표가 가업을 이을 적임자로 떠올랐고 김 대표는 이를 흔쾌히 받아들였다.

파스에 관한 모든 것을 꿰뚫고 있는 장인과 국내 대기업 및 미국 기업에서 선진 경영실무를 배운 맏사위는 서로의 단점을 보완해주며 호흡을 맞춰나갔다. 하지만 1990년대 들어 〈태평양제약〉, 〈SK케미칼〉 등 대기업 계열 제약사들이 앞 다퉈 붙이는 관절염 치료제에 뛰어들면서 〈신신제약〉의 매출도 정체 상태에 빠졌다.

2000년 대표이사로 취임한 김 대표는 위기 타개책을 '선택과 집중'에서 찾았다. 회사의 역량을 파스를 포함한 외용제에 집중하기 위해 소화제 등 '먹는 약' 생산 라인을 없애 버린 것이다. 대신 2002년 중앙연구소를 설립해 기술력을 끌어올리는 동시에 해외 시장 개척에 힘을 쏟았다.

내부 효율을 끌어올리기 위해 전사적 자원관리(ERP) 시스템을 도입했고 '신(新)바람, 신(信)뢰, 신(神)들린 듯 일하자'는 내용의 '3신바람' 운동을 전개했다.

결과는 대성공이었다. 향상된 품질 덕분에 수출길이 잇따라 열리면서

2000년 180억 원 안팎이었던 매출이 2008년 345억 원 규모로 불어났다.

그는 근육통이나 관절염으로 고통 받는 세계 각국 사람들이 등과 무릎에 '신신파스'를 붙일 수 있도록 세계 시장 개척을 강화해나갈 예정이다. 더불어 2012년까지 연 매출을 1,000억 원 수준으로 끌어올릴 야심찬 포부를 보이고 있다.

신신제약 2대

김한기

"주사제는 맞는 것 자체가 부담이 되고 먹는 약은 걸핏하면 복용 시점을 놓쳐 버리잖아요. 이런 약들을 차례차례 파스 형태로 변신시키는 것이 〈신신제약〉의 목표입니다. 파스 하나만으로도 글로벌 제약사가 될 수 있다는 걸 보여 드리겠습니다."

김한기 대표는 요즘 DDS(Drug Delivery System, 약물 전달 시스템) 기술에 푹 빠져 있다. 약물이 체내에 전달되는 경로를 바꾸면 알약 형태의 의약품을 파스 등 외용제로 변환할 수 있다는 이유에서이다. 〈신신제약〉이 외용제 전문기업으로 우뚝 서기 위해선 새로운 개념의 파스형 의약품이 필요하다는 것이 그의 생각이다. 〈신신제약〉은 이런 김 대표의 전략에 따라 중앙연구소를 중심으로 파스 형태의 새로운 의약품 개발에 들어갔는데, 입 안에 염증이 생길 때 붙이는 점막 패치는 기본 연구를 끝마친 상태다. 중·장기적으로는 알츠하이머 치료제 등도 패치 형태로 개발할 방침이다.

"피부를 통해 약물이 체내에 흡수되는 외용제는 약물이 위장과 간을 거치는 '먹는 약'에 비해 부작용이 적은 게 장점입니다. 앞으로 먹는 대신 바르거나 붙이는 치료제 시대가 올 것입니다."

　　지금은 파스 마니아가 된 김 대표도 1987년 〈신신제약〉에 입사한 직후에는 '회사를 키우려면 먹는 약 분야를 강화해야 한다'라는 주장을 펼쳤었다. 먹는 약을 최소화한 채 파스에만 매달리는 장인어른의 '외길 경영' 전략이 못마땅할 때도 없지 않았다. 하지만 모든 분야의 치료제를 취급하는 탓에 정작 어느 한 분야에서도 경쟁력을 갖추지 못하고 있는 국내 제약사들의 '백화점식 경영' 폐해를 지켜본 뒤로는 생각이 바뀌었다.

　　"정부가 강력하게 밀어붙이고 있는 약값 인하 파고를 국내 제약사들이 극복하려면 세계 시장으로 나서는 수밖에 없습니다. 글로벌 무대에서도 통할 제품을 확보하려면 결국 경쟁력 있는 대표 품목을 육성해야 합니다."

　　〈신신제약〉은 2009년 창립 50주년을 맞아 새로운 도약을 준비하고 있다. 외환 위기 때 안산으로 옮겼던 본사를 다시 서울로 이전하고 오랫동안 미뤄 온 증시 상장도 준비할 계획이다. 국내 프로 스포츠 팀을 대상으로 영업하는 '특판 팀'을 설립하고 병원 영업 팀도 새로 꾸릴 방침이다.

　　"'신신파스'는 미국의 대형 편의점에서 일본의 '샤론파스' 등과 맞붙을 정도로 품질을 인정받고 있습니다. 현재 20% 수준인 수출 비중을 향후 5년 내 50%로 끌어올릴 계획이에요."

한국은행의 안전을 책임지는 명품 금고

- 1대 김명복
- 2대 김헌영
- 3대 김정욱

1971년 크리스마스 아침. 서울 충무로 대연각 호텔에서 프로판가스 폭발로 화재가 발생했다. 163명이 사망하고 63명이 부상당한 대형 참사였다. 이 화재로 건물 1층에 있던 외환은행 충무로 지점도 전소됐지만 유일하게 은행 금고실(금고실은 금고 출입문과 철제 벽체로 구성되며, 통상 은행지점에 들어가는 금고실의 면적은 20제곱미터 안팎임)만 타지 않고 멀쩡하게 남아 있었다. 이 금고실을 만든 회사가 우리나라 금고 시장의 60%를 차지하고 있는 〈신성금고제작소〉(대표 김헌영)이다.

비싸더라도 안전하고 확실한 제품

〈신성금고제작소〉는 창업주인 고(故) 김명복 씨(1985년 작고)가 1932년 22세의 나이로 서울시 중구 오장동에 〈김명복금고상회〉를 열면서 시작됐다. 당시 일본 〈미나도금고〉의 공장장을 맡고 있던 김 씨는 공장을 철수하는 일본 사람들에게 공장을 물려받아 국내 최초로 금고 제작업에 뛰어들었다. 금고업이 발달한 일본의 기술을 전수받은 김 씨는 일반 가정용 금고부터 은행에 들어가는 금고실까지 모두 만들어 팔았다. 당시에는 금고를 필요로 하는 곳이 많지 않았지만 금고 회사가 전무했던 만큼 조선은행(현 한국은행)에서도 김 씨에게 금고 제작을 의뢰할 수밖에 없었다.

이때부터 〈신성금고제작소〉는 우리나라 중앙은행에 독점적으로 금고실을 공급하고 있다. 1958년 〈신성금고제작소〉로 사명을 변경한 후에도 한국은행 본점과 전국에 퍼져 있는 지점에 100여 대가 넘는 금고실이 납품됐다. 〈신성금고제작소〉는 외환 위기를 제외하고는 설립 후 매출이 줄어든 적이 없다. 국내 경제 성장과 더불어 은행 산업이 발전했기 때문이다. 더군다나 은행의 새 지점이 생길 때마다 주문이 들어왔다.

1978년 서울 강남 지역이 본격적으로 개발되면서 은행 지점 숫자는 폭발적으로 늘어났다. 1996년에는 대당 3,000만 원가량 하는 금고실을 300대 넘게 팔아 130억 원의 매출을 올리기도 했다. 하루에 한 지점씩 금고실을 설치할 정도로 회사가 잘 돌아갔다. 지금까지 국민은행, 우리은행, 외환은행 등 대부분의 시중 은행에 각각 1000대가 넘는 금고실을 공급했다.

수요 폭증 추세에 편해 몇몇 금고제작업체가 생겨났지만 시장에서 〈신성금고제작소〉의 위상은 흔들리지 않았다. 보안이 생명인 금고업의 특성상 소비자들은 오랜 기간 신뢰를 쌓아온 업체를 선호하고 조금 비싸더라도 안전한 제품을 선택하려고 하기 때문이다. 창업주 때부터 지금까지 다른 사업에 눈길 한 번 안 주고 안전한 금고 만드는 기술만 연구해온 덕에 은행 금고실이나 금은방이 털린 사건이 몇 번 있었지만 〈신성금고제작소〉가 납품한 금고가 털린 적은 지금까지 단 한 건도 없었다.

안전하고 실용적인 금고 개발 추진

　2대 김헌영 대표는 1975년 한양대학교 공대를 졸업한 후 회사에 합류했다. 큰형은 1970년대 유명 탤런트였던 김무영 씨로 사업에 뜻이 없었고, 작은형도 일찍 세상을 뜨는 바람에 막내인 김 대표가 가업을 물려받게 됐다. 그는 입사한 뒤 한 달에 1만 3,000원을 받으며 공장 청소부터 했다. 그러다가 1984년 창업주가 작고하기 직전 비로소 대표 자리를 물려받았다. 무엇보다 그가 회사를 맡으면서 회사의 기술력이 한 단계 높아졌다. 그는 공대에서 배운 지식을 활용, 직접 금고 도면을 그리고 튼튼한 소재를 개발하는 등 안전하고 실용적인 금고 개발에 몰두했다. 대표적 작품이 슬라이딩 도어 금고실이다.

　은행 금고에 많은 현금을 넣어둘 필요성이 점차 줄어드는 데다 기존

금고 생산라인을 둘러보고 있는 김헌영 대표(오른쪽)와 정욱 씨

의 핸들식 금고가 지점 공간을 너무 많이 차지한다고 판단한 김 대표는 크기가 작아 설치 공간을 줄일 수 있는 슬라이딩 도어 금고실을 개발했다. 이후 대부분의 은행은 김 대표가 개발한 슬라이딩 도어 금고실을 각 지점에 설치하고 있다.

1999년부터는 김 대표의 외아들 김정욱 실장(32)이 3대째 가업을 잇기 위해 경영수업을 받고 있다. 현재 영업을 담당하고 있는 김 실장 역시 자신의 아버지가 그랬던 것처럼 차근차근 금고제작업을 익히는 중이다. 김 대표는 '2~3년 후 계획하고 있는 회사의 증시 상장이 잘 마무리돼 유능한 인재들이 아들과 함께 회사를 키워나갈 여건이 되면 그때부터는 3대 경영이 시작될 것'이라는 당찬 포부를 보였다.

신성금고제작소 3대

김정욱

"제작기술 경쟁력은 충분합니다. 이제 해외 시장으로 가야죠. 제가 본격적으로 경영에 나서면 외국에도 금고를 팔겠습니다. 〈신성금고제작소〉가 갖고 있는 금고 제작기술을 국내에서만 썩히기는 아깝습니다. 아버지가 한때 해보려다 접었던 수출을 다시 시도하려고 합니다."

김헌영 대표는 1982~1983년 북미와 남미 지역에 연 100여 대의 금고실 수출을 추진했다. 하지만 노태우 대통령 시절 은행의 지점 설치가 자유화되면서 폭증하는 주문에 납기를 맞추기 힘들어 수출을 포기했었다.

김 실장이 해외 진출을 결심한 이유는 분명하다. 우리나라가 1970~80년대 그랬던 것처럼 향후 중국과 러시아의 금융 시장이 발전하면서 금고 수요도 대폭 확대될 것으로 판단하기 때문이다. 김 실장은 고등학교를 졸업한 후 대학 진학을 포기하고 1999년 약관 20세에 입사했다. 무엇보다 회사 일을 배우고 싶다는 본인의 의지가 컸다.

"대학이야 언제든지 가면 되지 시기가 중요한 것은 아니죠."

김 실상은 아직 젊은 나이지만 일찍 입사해 일을 배운 덕분에 회사의 주요 업무와 공정을 경험했다. 입사 초기에는 평택의 공장에 내려가 청소 등 잡일을 도맡아했다. 2002년 서울 사무소로 올라와 은행 등의 현장에 나가 금고실과 지문인식 대여 금고 등을 설치하고 사후 관리하는 일을 담당했다. 올해부터는 영업을 맡으며 수협과 산업은행 등의 거래처를 담당하고 있다.

"7년 동안 회사 일을 배우고 나니 이제야 수습 기간이 끝난 것 같습니다."

회사가 이미 국내 시장을 석권하고 있어 김 실장은 일찍부터 해외 진출의 필요성을 절감했다. 그가 설계를 주도해 2005년 획득한 'UL클래스2' 마크도 해외 진출을 위한 포석이었다. 김 실장은 회사의 금고 설계 부분을 총괄하고 있다.

'UL클래스2' 마크는 미국 보험자사업소에서 인증하는데, 이 마크를 가진 제품을 사용하는 은행은 보험료를 납부하는 과정에서 우대받는다. 그만큼 보안성을 인정받았기 때문이다. 금고가 인증받기 위한 조건은 단 하나다. 1시간 동안 어떤 장비를 사용해도 금고에 25센티미터 크기의 구멍이 뚫리지 않게 하는 것이다. 인증을 요청하자 시카고에서 직접 장비를 공수해온 검사관들이 해머, 드라이버, 전동드릴, 아세틸렌 절단기 등을 사용해 금고에 구멍을 뚫어버렸다. 번번이 심사를 통과하지 못하자 검사관들이 '콘크리트 소재에서 한번 찾아보라'는 힌트를 주고 돌아갔다.

그 후 드디어 김 실장은 아버지와 꼬박 1년 동안 깨지지 않는 콘크리트 배합을 연구한 끝에 마크 획득에 성공했다.

욕실용품 한우물로 욕실문화 혁명을 이루다

세면대나 수세식 변기를 사용해본 사람은 누구나 한 번쯤 〈로얄&컴퍼니〉의 물건을 접해본 경험이 있을 것이다. 〈로얄&컴퍼니〉는 지난 40년간 욕실용품이란 한 우물만 파왔다. 1970년 설립된 이후 세면기, 변기, 비데, 샤워기, 수도꼭지(수전) 등 1000여 가지가 넘는 욕실용품을 생산해 왔다. 그동안 〈로얄&컴퍼니〉가 만들었던 제품들은 항상 국내 최초라는 수식어가 붙을 정도로 우리나라 욕실용품 제조업계에서 선도자 역할을 하고 있다. 연 평균 매출은 약 1,000억 원, 시장 점유율은 약 40%로 국내 시장 1위다.

친구의 유언으로 시작

창업주 박신규 회장(1931년생)은 1951년 대구매일신문 기자로 사회생활을 시작해 1970년까지 사회부장과 편집국 수석부장을 지냈다. 그는 자신이 옳지 않다고 생각하는 일에는 타협을 몰라 '면도날'이라는 별명이 붙을 정도였다. 막내아들인 박종욱 대표(46)는 '어린 시절이었던 1960년대만 해도 돈으로 기자의 입을 막으려는 시도가 많았던 것으로 기억한다'며 온 집안이 떠나갈 정도로 호통 소리가 나는 날이면 '오늘도

어떤 사람이 신문지로 싼 돈을 들고 찾아왔구나’라고 생각했다고 술회
했다.

박 회장은 ’기자 월급으로는 자녀 교육비도 못 대겠다’라는 생각에 사
업을 결심했다. 언론인 출신이 사업을 하면 망하기 십상이라는 주변의
만류를 뿌리치고 신문사를 그만뒀다. 1970년 이불용 솜을 만드는 기계
를 갖고 있던 친구의 제안으로 〈한일제면〉이라는 회사를 세웠다. 모든
가족이 회사 일에 매달린 가내 수공업 수준의 회사였지만 사업은 잘됐
다. 동시에 다른 지인의 소개로 수전을 만드는 〈로얄금속기업사〉에도
지분을 투자했다.

욕실용품 쪽으로 눈을 돌린 것은 1976년 박 회장의 친구였던 도기공
장 대표가 암으로 세상을 떠나며 그에게 공장을 맡아달라는 부탁 때문
이었다.

박 회장은 의리를 중시했기 때문에 친구의 유언을 철저히 지켰다. 그
는 제면 사업을 접은 뒤 서울 영등포에 있던 친구의 공장을 정리하고,
제면 사업으로 번 돈을 합쳐 인천 부평에 1만 3200제곱미터 규모로 새
롭게 도기 공장을 세웠다.

또 지분을 투자했던 〈로얄금속기업사〉까지 인수하면서 〈로얄금속주
식회사〉로 회사명을 바꾸고 대표로 취임했다. 국내 최초의 욕실용품 업
체가 탄생하는 순간이었다. 당시 건설 붐으로 재래식 화장실이 서서히
현대식 화장실로 변해가는 시점이어서 사업성이 있다고 판단한 것이 주
효했던 것이다.

박 회장은 일본 제품 일색이던 욕실용품 시장에서 기술 개발에 주력

박신규 회장(오른쪽)에게 샤워기 꼭지를 설명하는 박종욱 대표

했다. 1980년까지 온수와 냉수를 따로 틀 수 있는 수전과 양변기를 만드는 데 성공했지만 일제에 비해 품질이 떨어졌다. 이 문제를 극복하기 위해 당시 일본 최대 욕실용품 업체로 국내 진출을 모색하고 있던 〈토토〉와 기술제휴를 맺었다. 기술제휴 성과로 회사는 국내 최초의 제품들을 쏟아내기 시작했다.

1983년에는 손잡이를 좌우로 돌리며 온수와 냉수를 섞어 알맞은 온도의 물을 받을 수 있는 싱글레버 수전을 개발했고, 1984년에는 손을 가까이 가져가면 자동으로 물이 나오는 자동 수전, 소변기용 인체감지 센서 등을 만드는 데에도 성공했다.

1985년에는 바람으로 젖은 손을 말리는 에어타월도 개발했다. 특히 1980년대 후반부터 1990년대 초까지 노태우 정부가 적극 추진했던 주택 200만 호 건설 붐을 타고 제품은 날개 돋친 듯 팔려 나갔다.

욕실용품의 한계 뛰어넘기

박 회장은 4녀 1남 중 막내아들인 박종욱 대표가 1986년 대학을 졸업하자 회사에 평사원으로 입사시켰다. 박 대표는 어린 시절의 꿈도 사장이 되는 것이었다. 대학에 들어가서도 일본과 제휴를 맺고 있는 회사에 도움이 될 것이란 판단이 들어 일본어를 전공했다. 그에겐 가업을 승계하는 것 외에는 다른 일에는 전혀 관심이 없었다.

박 대표는 입사하자마자 박 회장의 지시로 일본 〈토토〉사에 1년간 생산직으로 파견 근무를 나가 현장에서 기술을 익혔다. 이후 영업과장과 기획이사, 상무 등을 거쳐 1999년 대표로 취임했다. 박 회장이 연로해 박 대표가 전면에 나서기는 했지만 실질적으로는 박 회장과 협력해 경영하는 형태였다. 그러던 중 2000년 박 회장이 뇌졸중으로 쓰러져 투병에 들어가자 박 대표는 홀로서기에 나섰다.

회사를 물려받은 뒤 박 대표는 부가가치가 높지 않은 욕실용품의 한계를 뛰어넘기 위해 고급화 전략을 추구해나갔다. 2004년에 고급 호텔이나 공항 화장실에 주로 설치된 전기가 필요 없는 자가발전 자동수전을 개발한 것은 물론 2008년에는 형상기억합금을 이용한 온도조절 장치를 부착해 물을 틀었을 때 갑자기 찬물이나 더운물이 나오지 않는 전자식 샤워기를 만드는 데 성공하기도 했다.

욕실 문화의 선도 기업으로서 〈로얄&컴퍼니〉가 만드는 고부가가치 제품으로 시장을 지속적으로 공략해 나가기 위해 박 대표는 경영에 온 힘을 쏟고 있다.

로얄&컴퍼니 2대

박종욱

"품격 있는 디자인을 만들어 해외 시장 공략에 나설 것입니다. 욕실용품하면 떠오르는 싸구려 이미지를 없애기 위해 품격 있는 디자인을 적용한 제품으로 새로운 시장을 개척하는 데 주력하고 있습니다. 고급 브랜드로서의 위상을 만들어 나갈 생각입니다. 욕실용품 같은 전통적 제조업의 경쟁력은 이제 가격 외적인 부분에서 찾아야 합니다."

박 대표는 회사가 독자적으로 개발한 프리미엄 욕실용품 브랜드인 '로얄비니'와 다소 저렴한 브랜드 로얄티로 제품군을 나눠서 기존 시장뿐 아니라 고급 시장 공략에도 적극적으로 나서고 있다. 이를 위해 박 대표는 2004년부터 회사 대표 제품들의 디자인을 전면 교체하는 작업을 단행했다. 기존 욕실용품의 투박한 디자인으로는 값싼 중국산 등과 차별화가 어렵다고 판단했기 때문이다. 고급 시장 공략은 국내에서 생산 공장을 운영하고 있는 〈로얄&컴퍼니〉로서는 피할 수 없는 선택이기도 하다.

"가격만 보고 해외로 나가면 더 싼 생산비를 찾아다니는 유랑 생활을 면할 수가 없습니다. 우리만의 독특한 색깔을 갖는 것이 장기적으로는 유리하다고 생각합니다."

회사 이미지에도 변화를 주기 위해 2006년 사옥을 다시 지었다. 서울 강남구 논현동에 있는 〈로얄&컴퍼니〉 본사는 지하 3층, 지상 7층 규모이다. 국내 현대 건축의 대가인 민현식 한국예술종합학교 건축학과 교수가 디자인한 것으로, 자연 채광을 최대한 이용할 수 있게 지었다.

"연간 8만 명가량이 방문하는 등 강남의 랜드마크가 되고 있습니다. 소비자가 우리 제품을 직접 보고 느낄 수 있어 새로운 수요를 만들 것으로 기대하고 있지요."

해외 시장 개척도 박 대표가 중점을 두는 부분이다. 그동안 〈로얄&컴퍼니〉의 매출 중 수출 비중은 10% 안팎이었다. 박 대표는 불황에도 끄떡없는 수익 구조를 위해 2009년 실적의 20%를 해외에서 올린다는 계획을 갖고 있다. 이를 위해 중국에 현지 판매 법인을 설립을 준비 중이다. 동남아와 유럽에서도 영업을 시작할 방침이다.

"국내의 고급 제품 시장은 이미 한계가 왔습니다. 2009년에는 1,200억 원의 총 매출을 올릴 것입니다."

박 대표는 2008년 수능시험을 치른 장남 재연 군(19)이 가업에 관심을 보이고 있다고 말했다.

"오너경영이 회사에 대한 책임감이 더 강하다는 점에서 개인적인 욕심으로는 장남이 가업을 물려받기를 원합니다. 능력이 된다는 판단이 들면 3대로 이어갈 생각입니다."

Chapter 3

역경을 이겨내고 거둔 승리

자산유리

쿠쿠전자

혁신전공사

대원지에스아이

삼화실업

영진

진흥문화

영신금속공업

동양종합식품

오뚝이 같은 근성으로 부도, 화마 극복

- 1대 이붕규
- 2대 이용덕
- 3대 이경수

국내 거울 제품 중 최초로 KS인증을 받은 '보오미거울'을 만든 〈자산유리〉는 56년째 거울 만드는 일에 전념한 국내 최대 거울업체이다. 약 300억 원으로 추정되는 국내 거울 시장에서의 점유율은 45%로 중국산(38%)보다 높다. 〈자산유리〉는 세계 최초로 김서림 방지 거울인 '크롬거울' 개발, 미국복층유리협회(IGCC)의 IGCC 인증 획득, 3중 복층유리 개발 등 끊임없는 기술 개발을 통해 내실 있는 중견기업으로 성장해가고 있다. 고(故) 이붕규 창업주와 이용덕 대표의 뒤를 이어 이경수 상무(34)가 3대째 가업을 잇기 위해 '거울 인생'을 살고 있다.

국내 최초 KS인증 '보오미거울'

평남 순천의 작은 마을인 자산부락이 고향인 이붕규 창업주(1980년 작고)는 해방되던 1945년 남쪽으로 내려왔다. 이후 공주, 아산 등지의 어업협회에서 수산물 장부를 기록하는 일을 하다 1954년 서울 불광동에 있는 남의 집 처마 밑에 〈자산유리점〉이란 간판을 내걸었다. 그는 빗물이 새는 옴팡간(부엌과 방 1개만 있는 아주 작은 초라한 집)에서 시작한 가업을 중단할 수 없어 온갖 어려움을 겪으면서도 결코 포기하지 않았다. 이때는 도매 가게에서 유리를 사와 목창(나무틀로 만든 창)의 깨진 유리를 끼워주거나 거울을 사다가 팔았는데, 당시 중학생이던 이용덕 대표(65)는 학교에 갔다 온 뒤 청소와 배달을 도왔다.

이용덕 대표는 군에서 제대하던 1971년, 아버지의 사업을 도맡아하기 시작했다. 깨진 유리를 갈아주는 것만으로는 돈벌이가 안 되자 때마침 매물로 나온 제경소를 1975년 인수해 거울 제작을 시작했다. 하지만 그 당시 거울은 몇 개월 지나면 검게 변해 품질 면에서 형편없었다. 거울을 만들 때 유리판에 은을 입힌 후 광명단(납이 함유된 유약), 송진, 구리, 휘발유, 돌가루 등을 섞어 칠했는데 칠이 산화하면서 거울을 검게 만들었기 때문이었다. 이 대표는 페인트 회사에 다니는 친구의 도움을 받아 특수 도료를 1년 만에 개발해 이 같은 현상을 없애고, 이렇게 만든 거울에 '보오미거울'이라는 이름을 붙였다. 회사는 1978년부터 3년 동안 대한주택공사에서 짓는 아파트에 이 거울을 독점 공급하면서 국내 거울 시장의 강자가 됐다. 당시 건설현장 소장들이 '보오미거울'로 시공해야 한다며 찾아올 정도였다. 웬만한 사람들은 매일 '보오미거울'을 보고 잠에서 깨고 '보오미거울'을 보고 잠든다고 할 정도로 집집마다 욕실과 거실에 '보오미거울' 한두 장쯤은 걸려 있다고 한다.

'보오미거울'은 1985년 공업진흥청(당시)으로부터 국내 거울 제품 중 최초로 KS인증을 받았다. 품질의 우수성이 알려지면서 1990년부터 1995년까지 아프가니스탄에 매달 1컨테이너(약 2만 달러)씩 수출하기도 했는데, 컨테이너는 다시 가져올 필요가 없는 폐기 직전의 낡은 것을 이용했다.

화재와 부도를 딛고 일어선 오뚝이

〈자산유리〉의 노정은 순탄하지만은 않았다. 파주 공장의 설비를 증설하는 등 한참 잘나가던 1990년 1월 3일 화재로 공장이 잿더미로 변한 것이다. 이용덕 대표는 폐허가 된 공장을 봤을 때 맥이 풀려 주저앉고 말았다. 하지만 직원들과 불에 탄 기계를 걸레로 닦고 기름칠을 하고 못 쓰게 된 부품은 청계천에서 사와 응급 복구를 했다. 그러나 공장의 지붕은 덮개가 없어 뚫려 있었고 바닥은 타고 남은 재로 새까만 데다 물기가 흥건했다. 복구에 족히 1년은 걸릴 거라는 주위 사람들의 우려와 달리 보름 만에 공장을 재가동하였다.

두 번째 고비는 1998년 1월 30일에 찾아왔다. 1997년 50억 원을 투자해 설비를 갖추고 생산한 강화유리를 건설사에 납품한 뒤 30억 원짜리

복층 유리 공정을 살펴보는 이용덕 대표(오른쪽)와 경수 씨

어음을 받았다. 그런데 건설사의 부도로 어음이 휴지 조각이 되면서 회사도 부도를 면할 수 없었다. 이 대표는 부도난 날 아내에게 '애들을 부탁한다'는 말을 남긴 채 속옷 몇 벌을 주섬주섬 싸 가지고 회사로 들어가 재기에 나섰다. 그해 6월 화의인가를 받은 지 3년여 만인 2001년 7월 법원으로부터 화의종결을 결정받았다.

〈자산유리〉는 이러한 역경을 딛고 세계 최초로 김서림 방지거울인 '크롬거울'과 국내 처음으로 구리와 납이 함유되지 않은 거울을 내놓는 등 끊임없는 기술 개발로 거울 기술을 선도하는 기업으로 성장했다. 특히 복층유리 사업 확장을 위해 2005년 35억 원, 2007년 30억 원 등 모두 65억 원을 설비 증설에 투입했다.

'솔라론(solaron)' 브랜드의 복층유리는 국내 초고층 아파트 및 주상복합 건물에 설치될 정도로 성과를 내고 있다. 2010년 캐나다 밴쿠버에서 열리는 동계올림픽 선수촌 아파트에도 〈자산유리〉 복층유리가 설치된다고 한다.

자산유리 3대

이경수

“국내에서 단 한 번도 시도조차 못했던 100층 이상 초고층 빌딩에 사용할 수 있는 복층유리를 만드는 데 도전하겠습니다.”

고 이붕규 창업주와 이용덕 대표의 뒤를 이어 3대째 가업을 잇고 있는 이경수 상무(34)의 포부이다. 그는 2006년 4월부터 〈자산유리〉에 들어온 뒤 부친 밑에서 현장 경영수업을 받아왔다. 이 대표는 그동안 장남인 이 상무를 ‘유리쟁이’로 키워왔다. 이 상무도 부친의 이런 뜻을 흔쾌히 따랐다. 홍익대에서 신소재공학을 전공한 이 상무는 서강대 경영대학원에서 마케팅 석사 학위를 받은 뒤 미국 일리노이공과대에서 품질 분야로 MBA를 취득했다. 2005년 10월에는 미국품질학회(ASQ)로부터 한국인 1호 품질전문가(CQM) 자격까지 획득했다.

“미국에서 틈이 날 때마다 〈카디날〉, 〈올드캐슬〉 등 대표적인 유리 공장을 찾아가 공장에서 열렸던 각종 유리 관련 세미나에서 첨단 기술을 배웠습니다. 우리 회사 설비 수준이나 제품 품질은 선진 기업에 결코 뒤지지 않습니다. 우리가 생산한 복층유리에 대해 10년간 품질보증을 하는 것도 이 같은 자신감에서 비롯된 것이죠.”

이 상무는 직원 교육에 관심이 크다. 납품 일정 맞추기에 급급해 직원 교육이 부족하다고 판단한 이 상무는 2006년 10월부터 매주 수요일 오전 7시부터 1시간 동안 전 직원을 대상으로 하는 '새벽 교육'을 계속 해오고 있다. 여기에서 이 상무는 직접 미국에서 배운 유리 가공기술과 품질 교육 등을 가르치는데, 새벽 교육을 실시한 이후 직원들의 의식 향상으로 품질이 높아지고 생산성도 좋아지는 효과가 나타나고 있다고 한다.

이 상무는 경영 현장에 참여한 지 3년에 불과하지만 벌써부터 가시적인 성과를 내고 있다. 최근 고층빌딩 신축으로 수요가 늘고 있는 건물 외장용 복층유리(700도의 온도에서 불에 구운 강화유리 2장을 붙여 만든 유리) 사업에 적극적으로 나서고 있다. 기술 혁신을 통해 2007년 6월 KS규격보다 10배 이상 강화된 규정을 통과해야 하는 미국복층유리협회(IGCC)의 IGCC 인증을 국내 업체 중 유일하게 따냈다. 또 강화유리 3장을 붙인 3중 복층유리를 2007년 말 직접 개발해 상품화했다.

토요일마다 직원들과 삼겹살을 먹으며 얘기를 나눌 때 이 상무는 행복하다고 한다.

"〈자산유리〉가 만든 복층유리를 100층 이상 초고층 빌딩에 끼운다는 비전을 실현하는 토대를 마련하겠습니다."

고성능 복층유리 '솔라론'의 브랜드 파워를 키워 제2의 '보오미거울' 신화를 창조하기 위해 이 상무는 오늘도 노력을 마다하지 않는다.

독보적 기술로
'코끼리 밥솥'을 제압

외환위기로 국내 경제가 신음하던 1998년. '쿠쿠(CUCKOO)'라는 브랜드를 내건, 당시로서는 생소한 전기밥솥이 하나 등장했다. 극심한 불황기에 〈성광전자〉라는 무명의 중소기업이 일반 소매 가전 시장에 도전장을 내민 것이다. 그로부터 불과 1년 뒤, '쿠쿠'는 국내 밥솥 시장 점유율 1위로 올라서는 이변을 일으켰다. 그리고 10년이 지난 지금까지 시장 점유율 70%를 차지, 부동의 정상 자리를 지키고 있다. 최근에는 2세 경영에도 안착, 기술 개발과 해외 시장 개척에 박차를 가하고 있다.

정치 지망생에서 가전제품 사업가로

'쿠쿠 신화'를 창조한 〈성광전자〉는 1978년에 설립됐다. 경남 진주시 지수면이 고향인 창업주 구자신 회장(67)은 구자경 LG그룹 명예회장과는 10촌 사이로, 어린 시절 구자경 명예회장 집과 담 하나를 사이에 두고 살았다.

정치 지망생이었던 구자신 회장은 1964년 고려대 총학생회장 시절 한일 국교 정상화 반대를 이끌었던 핵심 멤버이기도 하다. 그와 함께 투쟁했던 고려대 상대 학생회장이 바로 이명박 대통령이다. 구 회장은 대학 졸업 이후 훗날 쌍용그룹의 모체이자, 당시 거물급 정치인이던 성곡(省谷) 김성곤 국회의원의 회사인 〈금성방직〉에 취직했다. 총학생회장 출신의 이력을 눈여겨본 김성곤 의원은 또 다른 계열사인 〈동양통신(연합통신의 전신)〉 사장의 비서이자 국회의원 비서관으로 구 회장을 발탁했다. 하지만 김 의원이 1969년 오치성 내무부 장관 해임안 가결에 일조한 '항명사건'의 핵심 인물로 지목받으면서 공화당을 탈당, 정계를 떠나게 되자 이를 계기로 구 회장도 정치에서 손을 뗐다.

〈㈜쌍용〉으로 복귀한 구 회장은 무역 업무를 익힌 뒤 1976년 오퍼상 및 전기부품 소재 사업에 뛰어들었다. 〈금성사(LG전자의 전신)〉가 소형 가전제품 생산을 주문자상표부착생산(OEM) 방식으로 전환한다는 정보를 입수한 구 회장은 집요하게 타진한 끝에 1978년 전기보온밥솥 사업권을 따냈다.

구자신 회장에 따르면 〈금성사〉 오너 일가와 친척이라서 협력업체에 선정됐다는 오해를 종종 받기도 하지만 더 가까운 인척들도 그때 사업 의사를 밝혔지만 탈락하였다고 한다. 실제 1990년대 초반에 〈성광전자〉가 독자 브랜드로 소매시장에 진출하려 했을 때에는 막상 〈LG전자〉의 반대로 뜻을 이루지 못한 적도 있다고 한다.

독보적 기술로 가마솥 밥맛 재현

1997년 말 외환위기 여파로 소매 가전 시장은 직격탄을 맞았고, 〈성광전자〉 역시 재고가 쌓이며 휘청거리기 시작했다. 해결책을 요구하는 구 회장에게 〈LG전자〉 측은 독자 브랜드로 위기 상황을 돌파해보라는 뜻을 내비쳤다. 회사는 생존을 위해 전 직원의 임금을 삭감하는 고통분담이 시작됐지만 구조조정을 하지 않자 직원들도 똘똘 뭉쳤다.

구 회장은 소매시장 진출을 위해 마케팅 부문을 신설하고, 장남인 구본학 대표(40)에게 부문장 자리를 맡겼다. 새로운 브랜드는 '쿠쿠(CUCKOO)'로 정했다.

'쿠쿠'는 뻐꾸기란 뜻의 보통명사지만 시간을 정확하게 지키는 습성이 있는 뻐꾸기처럼 신용도를 강조하고 발음상 요리 '(COOK)'라는 단어와 '구(KOO)' 씨라는 의미가 결합된 것이다. 회사명도 2002년 11월에 〈쿠쿠전자〉로 바꿨다. 이때부터 구 대표는 제품 기획에서부터 판촉, 홍보, 국내외 영업을 진두지휘하는 등 2세 경영에 본격적으로 나서기 시작했다.

구 회장이 처음 시도한 유통 시스템 개혁을 마무리 지은 것도 구 대표가 거둔 성과이다. 구 대표는 일선 대리점에 먼저 물건을 넘기고 수금하던 관행을 바꿔 선금을 받고 제품을 내주는 방식을 도입하였다.

일선 대리점과 영업부서의 반발이 컸지만 밀어붙였고, 4~5개월이 넘도록 〈쿠쿠〉측이 고집을 꺾지 않자 대리점들도 태도가 달라지기 시작했다. 때마침 대기업 가전사들이 밥솥 시장에서 완전 철수하면서 〈쿠쿠〉는 무주공산의 호기를 맞아 큰 폭의 매출 신장을 거두었다.

이 같은 공로를 인정받아 2006년 대표이사로 취임한 구 대표는 그해 수출 1000만 달러를 달성했다. 외환위기 직전 연 매출 300억 원이 채 되지 않았던 〈쿠쿠〉는 지금 3000억 원 이상을 올리는 중견기업으로 성장

밥솥을 들어 보이고 있는 구자신 회장(오른쪽)과 구본학 대표

했다. 한해 밥솥 판매량만 210만 대가 넘을 정도며, '코끼리밥솥'으로 유명한 밥솥 종주국 일본을 비롯한 30여 개국에 수출되고 있을 정도로 국제적인 밥맛을 인정받고 있다.

구 대표는 〈쿠쿠〉의 성공 비결을 꾸준한 기술 개발의 결과라고 강조한다. 특히 〈쿠쿠〉는 일본과 달리 압력밥솥 개발에 주력했다. 뚜껑에 무거운 돌을 올려놓고 밥을 짓는 '가마솥 밥맛'을 재현하려는 시도였다. 천연 곱돌로 만든 전기압력밥솥을 비롯해 밥솥 안쪽 뚜껑이 분리되는 분리형 커버, 뚜껑에 위치한 조작부 등은 〈쿠쿠〉만이 보유한 독보적 기술들이다. 특히 중국에서도 예전 국내에서 유행했던 일제 '코끼리밥솥'에 버금가는 열풍이 불고 있다.

또 다른 비결이 있다면 직원들과의 소통을 중시하는 경영철학을 꼽는다. 창업주 구 회장의 경남 양산 본사 집무실은 겨울에도 근무 시간에는 문을 닫지 않고 열려 있으며, 직원들을 격의 없이 대하기 위해 비서도 따로 두지 않는다. 구 대표도 이 같은 전통을 이어 서울 논현동 지사의 집무실을 아예 유리벽으로 꾸몄다. 직원들과 항상 열린 마음으로 대화하다 보면 절로 화합이 된다는 사풍 때문인지 아직까지 노조가 없을 정도이다.

쿠쿠전자 2대

구본학

"아버님께서 평생을 바친 회사인 데다 기술력도 갖췄는데도 누구도 제대로 알아주지 않는다는 게 늘 안타까웠습니다. 대기업 OEM(주문자상표부착생산) 전문회사가 아닌, 자기 브랜드를 가진 회사였으면 하는 바람이 항상 있었죠. 가업 승계를 망설이지 않았던 것도 그 때문입니다. 대학 시절부터 브랜드를 제대로 알려 제값 받고 물건을 파는 회사로 성장시키고 싶은 열망이 컸습니다."

창업주 구자신 회장과 마찬가지로 고려대(경영학과) 출신인 구본학 대표는 대학 졸업 이후 1994년부터 미국 회계 법인인 〈쿠퍼스&라이브랜드(현 프라이스워터하우스쿠퍼스)〉에서 근무하다 1996년 부친의 권유로 〈성광전자〉에 합류했다.

"회사가 어려운 시절에 직원들과 함께 동고동락한 덕택에 경영 승계 과정에서 흔히 나타나는 직원들과의 갈등은 없었습니다. 직원들과 소통할 수 있는 것이 가장 큰 자산입니다."

특히 구 대표는 회사에 합류하면서 '쿠쿠' 브랜드를 알리는 데 주도적인 역할을 했다. 고객의 불만 사항을 임직원은 물론 최고경영자(CEO)가 직접 실시간으로 확인하고 24시간 내에 소비자에게 답변하도록 한

'고객관계관리 시스템'도 구 대표가 도입한 것이다. 이것은 고객 문의, 불만사항, 제품과 서비스에 대한 제안을 통합 관리하고 여기서 취합한 정보는 신제품 개발 및 서비스 개선에 바로 반영되도록 하는 시스템이다. 또, 〈쿠쿠〉는 수출도 강화해 2001년 미국에 이어 2002년 일본, 중국 시장 공략에 나섰으며 현재 베트남, 러시아, 영국 등 30여 개국에 진출한 상태이다. 이들 국가에는 각각의 밥맛을 고려해 취사하는 기능을 갖춰 현지화에도 성공하고 있다.

구 대표는 궁극적으로 외국 소형 가전업체들과 겨뤄 글로벌 1위 가전업체로 도약하겠다는 포부를 갖고 있다. 〈필립스〉, 〈파나소닉〉, 〈브라운〉, 〈테팔〉 등 외국 가전업체가 휩쓸고 있는 현대백화점과 롯데백화점 등의 가전 코너를 뚫어 치열한 경쟁에서 이겨낸 것도 그 전초전의 성격이 짙다.

"그동안 밥솥에 주력했지만 기술 투자를 통해 제품군을 다양화하고 신기술 투자에 주력해 글로벌 1위 가전업체가 되기 위해 노력하겠습니다."

'3무(無)' 전통으로 위기를 이겨내다

철도신호 제어시스템을 생산하는 〈혁신전공사〉는 우리나라 토종 중소기업으로 1955년에 창립했다. 이 회사의 주력 제품은 신호기, 선로전환기 등 핵심 신호제어시스템을 연동시켜 열차의 선로 진입을 종합 통제하는 전자연동장치(Electric Interlocking System)와 유·무선 주파수로 열차의 선로 점유 유무 및 진입 여부를 감지하는 AF궤도회로로, 국내 AF궤도회로 시장의 90%, 전자연동장치 시장의 40%를 차지하고 있다. 1대 소규모 전기통신 설비 시공업체에서 출발한 〈혁신전공사〉는 2대 기술 중심 제조업체로 변신한 뒤, 3대 글로벌 기업으로 커 나가고 있다.

생각을 혁신해야 성공할 수 있다

체신양성소를 나와 일본 회사인 〈조선전기통신공사〉에서 일했던 창업주 김선림 씨(1967년 작고)는 서울 청계천 인근에 직원 3명과 함께 전기통신 설비 시공업체인 〈혁신전공사〉를 차렸다.

회사명인 〈혁신전공사〉는 '생각을 혁신해야 성공할 수 있다'는 의미를 담고 있다. 회사 창업 초기에는 경쟁이 치열한 데다 연줄도 없다 보니 공공공사 수주가 하늘의 별 따기였다. 인건비와 자재비를 떼이는 일도 흔했다. 직원 월급 줄 걱정을 하며 잠을 이루지 못한 적도 많았다.

'3무(無)' 전통이 전화위복의 밑거름

사학을 전공했던 김영신 회장은 1967년, 창업주가 고혈압으로 갑작스럽게 쓰러진 이후 급작스레 회사를 맡아야 했다. 역사 교사가 되고 싶었던 꿈도 접고, 월남전 참전을 권유했던 군대 동료의 유혹도 뒤로하고 회사에 들어갔다. 사장이었지만 직원들과 뒤섞여 삽을 들고 사다리를 오르내리며 전선을 깔았다. 하지만 매출은 좀체 늘어나지 않았다. 엎친 데 덮친 격으로 몇 년 안 가 오일쇼크까지 터지자 일감은 더욱 줄어들어, 직원들끼리 얼굴 보기가 민망해 슬그머니 근처 대폿집으로 흩어진 적도 많았다.

무엇보다 가장 어려웠던 것은 아무리 조심을 해도 시도 때도 없이 터지는 안전사고였다. 동종업체의 적지 않은 사장들은 사고 수습을 팽개치고 야반도주하기 일쑤였다. 사고를 당한 직원을 두고 차마 도망칠 수 없었던 김 회장은 패물을 팔고 돈을 빌려 보상금을 마련한 적도 있었다. 어떤 해는 지금의 아파트 한 채 값에 해당하는 금액인 연간 매출액 200만 원 전부를 유족에게 전달한 경우도 있었다. 이렇게까지 한 것은 '사장은 굶어도 직원을 굶겨선 안 된다'라는 창업주의 유지를 지키기 위해서였다. 이후 직원 월급날과 부품 거래처 결제일, 장비 납품기일을 54년간 단 한 번도 어기지 않은 '3무(無)' 전통을 유지해왔다.

하지만 오일쇼크는 오히려 전화위복이 됐다. 일감이 넘쳤던 업체들

신개발 제품에 대해 의견을 나누는 김영신 회장(왼쪽)과 김희웅 대표

은 공사한 뒤 대금을 받지 못해 줄줄이 망했지만 일감 자체가 극히 적었던 〈혁신전공사〉는 살아남았다. 전기엔 문외한이라는 단점을 극복하기 위해 김 회장은 직원들에게 늘 전문가라는 호칭을 쓰며 칭찬을 아끼지 않았고, 이런 모습에 젊은 사장이라 경계하던 직원들이 마음을 터놓으면서 상호 신뢰가 쌓였다. 도시화가 본격화되면서 전기통신 설비 수요가 폭발해 매출이 해마다 2~3배씩 늘어났다.

매출이 100억 원대 안팎을 넘나들자 사고의 위험이 늘 따라다니고 대형 업체들과의 경쟁에서 승산이 없다고 판단한 김 회장은 1988년부터 시공업에서 제조업으로의 전환을 준비했다. 누구보다 자신 있었던 전기통신 시공 기술과 연관성이 높은 철도신호를 전략 분야로 택하고 기술 확보에 사활을 걸었다. 매출의 10% 정도를 연구개발비로 지출한 결과 1994년 전자연동기를 국산화하는 결실을 맺었다. 이듬해인 1995년 김 회장은 3대인 김희웅 대표를 평사원으로 입사시켰다. 아들만큼은 자신과 같은 시행착오를 줄이게 하고 싶었기 때문이다. 부자가 머리를 맞댄 결과, 2000년에 전기 대신 가청주파수(AF)를 이용해 반영구 AF궤도 회로를 개발하는 데 성공했다. 최근에는 기존 장비보다 크기가 3분의 1 이하로 작지만 하나로 대여섯 개의 열차 역을 컨트롤하는 통합 전자연동기를 개발, 시험 중이다.

김 대표는 세계적 회사인 〈봄바르디아〉에 품질 검증을 의뢰한 결과 '놀랍다'라는 반응이 온 것을 보고 앞으로 유럽 등 해외시장 수출이 가능할 것으로 기대하고 있다. 이렇게 되면 현재 120억 원인 매출도 곧 300억 원대로 껑충 뛸 수 있다. 소규모 시공업체를 기술 중심 제조업체로 변신시키는 데 선친이 평생을 바친 것처럼 김 대표 역시 회사를 글로벌 컴퍼니로 만드는 데 모든 역량을 쏟고 있다.

혁신전공사 3대

김희웅

    〈혁신전공사〉에는 독특한 직원교육 프로그램이 있다. 2년마다 실시되는 전 직원 해외연수가 바로 그것이다. 3박 4일간 아예 공장 문을 걸어 잠근 채 떠난다. 창립 50주년인 2005년에는 중국 상하이를 방문, 자기부상열차 등을 둘러본 데 이어 2007년에는 대만 무인경전철 시스템 업계를 견학했다. 내년엔 일본 철도업계를 둘러볼 계획이다. 한 해 비용만 3000만 원가량 들고, 며칠씩 회사를 비우는 부담이 적지 않지만 그만둘 생각은 없다. 미래에 대한 투자라는 이유에서다.

    공부 욕심이 큰 직원에게 원할 때까지 교육비를 대주는 것도 같은 맥락에서다. 직원 56명 중 박사와 석사 학위 수료자 2명이 나왔고, 5명이 현재 대학에 재학 중이다. 여기에는 사연이 있다. 교육을 유난히 강조했던 창업주와 김 회장이 '약속'을 했기 때문이다.

    "원리원칙을 중시하는 일본식 교육을 받으셔서 그랬는지 모르지만, 할아버지께선 꿈에서 한 약속까지도 지킬 것을 강조했다고 들었습니다. 아버지가 '전 직원을 연구원으로 만들겠다.'라고 할아버지께 드린 약속이 가족이 평생 지켜나갈 화두가 됐죠."

    김영신 회장부터 스스로 일과 공부를 병행한다. 환갑을 앞둔 나이에 대학원에 진학해 5년 전 노인복지에 관한 논문으로 행정학 박사학위를 따내기도 했다. 최근엔 미술 공부에 나서 입문 3년 만에 경기미술대전 등 지역미전에서 입상도 했다.

2005년 취임한 김 대표의 꿈은 여행가였다. 유적 탐방에 관심이 많아 여행사를 차리고 싶었다. 지리교육을 전공하고 일본어능력 1급 자격증을 딴 것도 그 때문이다. 하지만 '회사를 키워 달라.'라는 아버지의 요청에 꿈을 잠시 유보하고 군말 없이 회사경영에 뛰어들었다. 하지만 아버지와 마찬가지로 전기를 몰랐기 때문에 경영은 녹록치 않았다. 밑바닥부터 배우는 수밖에 도리가 없었다.

"솔직히 전기가 위험하다는 것 외엔 아는 게 없었어요. 20~30년씩 된 베테랑 기술자들이 장비엔 접근조차 못하게 하고 기술 설명도 해주지 않아 마음고생이 심했죠."

회식이 있는 날에도 서점에 들렀다. 각종 전문 용어가 빼곡한 전문 서적이지만 졸음을 쫓아가며 밤새 읽었다. 지금이야 회사 영업을 총괄할 만큼 회사 안팎에서 전문가 소리를 듣는 수준에 올랐지만 당시엔 암호 같은 설계도 자체가 '공포'였다.

기술혁신은 김 대표 자신과의 약속이다. 세계적인 '강소기업'이 되기 위해선 꼭 필요한 과제이기 때문이다. 닮고 싶은 회사로 그는 철도 차량과 장비 분야 세계 1위인 캐나다의 〈봄바르디아〉를 꼽았다.

"규모로는 따라갈 수 없겠죠. 하지만 해외업체들로부터 기술제휴 요청이 끊이지 않고 로열티로 순이익을 올릴 수 있는 작지만 강한 기업을 만들겠습니다. 제가 못하면 제 자식들에게 그 꿈을 잇게 하고 싶어요."

부도 딛고 품목 바꿔
제2의 성공 이루다

경북 칠곡군 왜관읍에 있는 농기계 전문 생산기업인 〈대원지에스아이〉는 1970년 설립된 이후 세계 최고 수준의 농기계 제품을 만든다는 평가를 받고 있다. 색채선별기의 경우 국내 시장은 90% 이상, 세계 시장은 30%의 점유율을 기록하고 있으며 도정기는 국내 시장의 60%를 차지하고 있다. 곡물건조기를 포함, 현재 세계 17개국에 제품을 수출 중이다. 2008년 수출액 350만 달러를 포함해 약 670억 원의 매출을 올렸다. 이 같은 실적은 국내 40여 개 농기계업체 중 단연 으뜸이다. 창업주 서정식 회장에 이어 아들 서용교 대표가 2006년부터 농기계를 넘어 새로운 도전에 나서고 있다.

'청결미'의 탄생

창업주 서정식 회장(1928년 생, 1995년 작고)은 1960년대 섬유업이 유망 수출산업으로 각광을 받자 연사기(빔실틀 : 몇 가닥의 실을 꼬아서 다시 한 가닥의 실을 만드는 기계)를 팔았다. 10여 년간 사업을 하면서 서 회장은 정치에 뜻을 둬 민선 동장에 당선되기도 했다. 1970년대 섬유업이 사양길에 들어서자 서 회장은 일제 도정기에 착안, 1970년

〈성창기계〉라는 도정기 전문 업체를 설립했다. 수입에 의존하던 도정기를 개발해 국내에 공급했지만 다른 농기계와는 달리 정부 지원금도 없어 자금이 부족하기 일쑤였다. 회사는 결국 1981년 부도를 맞았다.

당시 서용교 대표는 경북대학교 사회학과 3학년생으로 군복무를 갓 마친 상태였다. 계사(鷄舍)를 빌려 공장을 이전하는 마당에 편하게 학비를 받아 대학을 다닐 수는 없었던 서 대표는 학교를 그만두고 회사 관리부장으로 취직했다. 직원들 대부분이 회사를 떠나 일손도 부족했고 서 회장은 사업을 어떻게 끌어갈지 몰라 갈팡질팡했기 때문이었다.

기계에 문외한이던 서 대표가 낮에는 영업에 나서고 밤에는 기계를 뜯어보고 구조를 익히는 등 저돌적으로 업무에 임하는 것을 보고 서 회장은 1983년 회사의 경영권을 물려줬다. 취임 후 서 대표가 처음 한 일은 회사의 신용 회복이었다. 누구도 선뜻 부도났던 회사에 자재를 팔려

색채 선별기를 점검 중 포즈를 취한 서용교 대표

고 하지 않았지만 '벌어서 꼭 갚겠다'라는 약속을 하면서 간신히 자재를 구했다. 무엇보다 채무를 성실히 변제했고, 5년간 순이익의 90% 이상을 빚을 갚는 데 썼다.

도약을 위해 모험을 감행한 서 대표는 일부 남는 수익을 3년간 꼬박 연구개발에 투자한 끝에 1990년 국내 최초로 청결미를 찧을 수 있는 도정기를 개발하는 데 성공했다. 쌀을 장기간 저장했을 때 갈라지고 벌레가 꼬이는 것을 방지할 수 있어 인기를 끌었다. 지금은 일반명사로 쓰이는 말이지만 '청결미'라는 말은 〈대원지에스아이〉에서 처음 만든 것이다.

한발 빠른 제품 개발과 지속적인 연구개발

청결미 도정기를 개발한 뒤 회사는 곡물건조기 등을 연이어 개발하며 상승세를 타기 시작했다. 특히 1993년 정부가 농촌사업으로 전국 농협에 종합미곡처리소 설치(RPC사업)를 활발히 진행하면서 안정 궤도에 올랐다. 전국 농협의 90% 이상인 400여 곳에 건조기와 도정시설 설치권을 따낸 뒤에는 종전 3억 5,000만 원에 불과했던 연 매출이 10배 이상 늘었다.

회사를 더 키울 방법을 찾던 서 대표는 1990년 정미시설 공사를 하던 중 우연히 일제 색채선별기를 목격했다. 색채선별기는 쌀이나 콩, 옥수수 등의 곡물을 기계에 투입해 전자스캔 방식으로 비정상적인 색의 곡물을 걸러내 불량을 잡는 원리로 작동되는 계기이다. 총 공사비용이 1

억 7,000만 원 중 색채선별기 값인 1억 원인 것을 보고 깜짝 놀란 서 대표는 직원들의 반대를 무릅쓰고 4년간 연구개발에 매달린 끝에 1994년 색채선별기를 개발했다. 하지만 개발에 참여했던 기술자들이 단체로 퇴사해 색채선별기업체를 세우려 하면서 위기에 몰렸다. 서 대표는 배신감에 치가 떨려 소송도 불사할 각오를 했지만 몇몇 기술자들이 용서를 구하며 다시 돌아오자 나머지 사람들에게도 일일이 손을 내밀어 모두 돌아오게 했다.

색채선별기는 모든 농산물에 적용할 수 있는 기술이라고 생각했기에 곡물뿐 아니라 녹차, 담배 심지어 소금까지 선별할 수 있는 제품을 개발하는 데도 성공했다. 〈대원지에스아이〉는 현재 베트남, 중국, 러시아 등에 제품을 수출하고 있으며, 2009년 색채선별기 수출액은 4,500만 달러로 예상하고 있다.

대원지에스아이 2대

서용교

"농업이 지속되는 한 왕겨나 목초 등의 농업 부산물은 무한히 나옵니다. 이를 이용한 친환경사업은 비전이 있다고 봅니다. 아직은 연 매출 20억 원 가량으로 미미하지만 2010년께에는 100억 원이 넘는 매출을 올릴 것으로 기대합니다."

서용교 대표는 2006년부터 농기계를 넘어 새로운 도전에 나서고 있다. 곡물을 도정한 뒤 나오는 왕겨나 미강을 이용해 비료와 연료를 만들거나 식용할 수 있는 물질을 개발하는 데 관심이 크다. 사람이 흙으로 돌아가듯이 땅에서 나온 것은 땅으로 돌려주는 게 자연의 원리에 맞는다는 생각에서 서 대표는 회사에 친환경사업부를 신설해 새로운 부가가치를 창출하기 위해 노력하고 있다.

회사의 친환경 제품으로 식물 생장에 필수요소인 규산질을 함유한 비료와 왕겨숯을 대표적으로 손꼽을 수 있는데, 이것은 잘 썩지 않는 왕겨나 미강을 탄화시켜 만든 것이다. 또 기존의 발효 목초액과는 다르게 왕겨를 숙성시켜 추출한 목초액은 식용이나 미용재료로 쓸 수 있다.

현재 〈대원지에스아이〉는 한국식품연구원과 공동 연구를 통해 왕겨 목초액을 넣은 미용비누와 음료를 만들고 있다. 회사는 최근 왕겨를 탄

화시켜 얻을 수 있는 가스를 연료용으로 쓸 수 있는 방법도 연구 중이
다.

기업의 존립 이유는 직원들과 국가에 좋은 회사를 만드는 데 있다는
것이 서 대표의 지론이다. 이에 따라 사훈도 '좋은 회사를 만들자'로 정
했다. 그는 직원들에 대한 각종 복지제도 중 교육에 관련된 부분을 가
장 신경 쓴다. 회사는 직원 자녀들의 유치원부터 고등학교까지 학비 전
액을 지원하고 대학의 경우 등록금의 절반을 내주고 있다.

"회사가 어려워 자녀들을 유치원에 보내기도 힘든 적이 있었죠. 당시
의 아픔으로 직원 자녀의 학비를 대주기로 한 것입니다. 더 시간이 지
나면 교육재단을 세워 인재를 양성하는 것이 제 꿈이죠."

3대째 가업승계도 이뤄질 전망이다. 서울대 전자공학과 출신으로 미
국 뉴욕에서 유학 중인 서 대표의 아들 서보성 씨(26)가 사업을 물려받
겠다는 의사를 보인 것이다. 그는 전공 지식을 살려 첨단기술을 적용한
농기계를 만들어 보고 싶다고 한다.

"아들이 공학도라 사업에 잘 맞을 겁니다. 은퇴할 때까지 한 10년 정
도 가르칠 생각입니다. 농업을 사양 산업이라고 하지만 농업이 없으면
아무도 살아남을 수가 없어요. 농업 발전에 기여할 수 있는 신기술과
기계를 지속적으로 개발할 것입니다. 아직 갈 곳도 많고 할 일도 많습
니다. 전 세계 농기계의 표준을 만들어나가는 것을 목표로 삼고 있습니
다."

일본인 멸시 이겨내고
통조림 캔 강자로 우뚝

● 1대 고일상

● 2대 고광민

● 3대 고재훈

매주 월요일 아침 7시 〈삼화실업〉의 고광민 회장(72)은 두 아들인 고재훈 대표(42), 고기훈 이사(36)와 함께 서울 영등포역에서 기차(무궁화호)를 타고 충남 아산 공장으로 간다. 냄새 나고 기름 먼지 묻혀야 하는 공장에서 매일 땀에 흠뻑 젖어 생활하도록 한 게 미안하지만 두 아들이 있어 회사가 든든하다. 고 회장은 자식들과 함께 기업을 경영하면 안정감도 들고 걱정도 10분의 1로 줄어드는 것 같다고 한다. 연간 5000만 개의 통조림 캔을 생산하는 〈삼화실업〉은 국내 통조림 캔 시장의 13%를 차지한다. 〈동원F&B〉의 참치캔, 〈펭귄종합식품〉의 복숭아캔, 〈머거본〉의 땅콩캔 등 누구나 한 번씩은 들어본 국내 식품 회사가 주요 거래처이다.

멸시 받아가며 일본 기술 배워

〈삼화실업〉은 재일 교포인 고(故) 고일상 씨(1992년 작고)가 1973년 10월 인천시 부평에 〈삼화화학〉을 설립하면서 출발했다. 일본에서 비행기 생산업체에서 생산직공으로 일하던 창업주는 조선인이라는 이유로 일본인들로부터 갖은 멸시와 수모를 겪었다. 심하게는 망치로 머리를 얻어맞기까지 했다. 그러면서도 기술 습득만큼은 게을리하지 않았

두 아들과 캔을 들어보이고 있는 고광민 회장(가운데)

고, 이렇게 배운 기술로 일본에서 금속 프레스 사업을 했다. 1963년 창업주는 모국의 산업 발전에 기여해보자는 취지로, 통조림 캔을 만드는 〈삼화제관〉을 재일 교포 친구들과 국내에 공동 창업했다.

10년 뒤 공동 창업자 생활을 접고 통조림 캔 밀봉에 필요한 '실링 콤파운드' 생산을 위한 〈삼화실업〉을 세우며 독립했다. 1970년대 들어 국내 농수산물 가공 시장이 급성장하면서 통조림 캔 수요가 폭발적으로 늘어났다. 창업주는 이때 제관부를 신설하고 통조림 캔을 만들기 시작했다. 1980~90년대 통조림 캔 등 포장재 수요가 크게 늘면서 회사도 일손이 바빠졌다.

고광민 회장이 사업을 물려받은 때는 부친이 사망하기 1년 전이었다. 대학교를 졸업한 뒤 부친이 공동 창업했던 〈삼화제관〉에서 전무에 오르기까지 25년 동안 샐러리맨 생활을 했다. 회사를 맡자마자 단순히 통조림 캔만을 만들어서는 승산이 없다고 생각한 고 회장은 제품의 가치를 높이기 위해 끊임없는 기술 개발에 들어갔다. 우선 충남 아산에 제2공장을 설립하고 인쇄부를 신설, 통조림 캔에 제품 포장 내용을 인쇄하는 공정까지 들여놓았다. 1992년에는 아예 금속인쇄에 필요한 인쇄용 롤러 제조 사업에도 뛰어드는 등 사업을 확장했다. 이렇게 해서 2002년 업계에서는 드물게 전 공정을 자동화하기에 이르렀다.

형제 간 돈독한 우애로 회사 키우기

하지만 외환위기는 〈삼화실업〉을 비켜가지 않았다. 거래 기업들이 줄도산하자 주거래 은행 직원들은 대출금을 빨리 상환하지 않으면 공장을 압류하겠다고 으름장을 놓으며 매일 회사를 찾아왔다. 28억 원짜리 어음이 휴지 조각이 됐을 때 털썩 주저앉고 만 고 회장에게 하루하루는 지옥이었다. 어려움에 처해 있던 고 회장에게 힘을 실어준 것은 두 아들이었다.

회사가 여전히 위기 상황이던 2000년 3월 장남 고재훈 대표가 재직 중이던 〈삼성물산〉을 나와 회사에 들어왔다. 2년 뒤엔 유학을 다녀온 뒤 무역 회사에 다니던 차남 고기훈 이사도 합류해 해외 사업 부문을 맡았다. 3대 경영이 본격화된 때는 2007년 3월 고 회장이 장남에게 대표 자리를 맡기면서이다. 두 아들의 합류는 회사에 활기를 불어넣었다.

1998년부터 5년째 이어져 온 적자 행진이 2003년부터 흑자로 돌아선 것이다. 2006년 127억 원이던 매출은 2007년 135억 원으로 늘었다.

2009년에는 원자재값 상승 등 어려운 여건에서도 매출 목표 115억 원을 달성한다는 목표이다.

〈삼화실업〉은 지속적인 기술 개발을 통해 통조림 캔의 수익성을 높이고 고부가가치의 고급 인쇄용 롤러를 개발해 미래 수익원으로 삼겠다는 전략을 세웠다. 이미 세계 3대 롤러업체인 〈웨스트랜드〉, 〈베이스라인〉, 〈테크노 롤〉 등과 기술제휴를 맺어 다양한 인쇄용 롤러 생산기술을 확보해 놓고 있다.

"평생을 제관 분야에 바쳤고 누구보다 재미있게 일해 왔습니다. 이젠 두 아들이 〈삼화실업〉을 통조림 캔 분야의 최고 기업으로 키웠으면 합니다."

삼화실업 3대

고재훈

"가업 승계는 생각해 본 적도 없었어요. 아버지도 항상 네 갈 길 가라고 하셨죠."

고재훈 〈삼화실업〉 대표는 회사에 합류하기 전 8년 동안 〈삼성물산〉 건설 부문에서 회사원 생활을 했다. 한양대 토목공학과를 졸업하고 ROTC로 군 생활을 마친 후 〈삼성물산〉에서 공사현장 관리, 경영 관리, 협력업체 관리, 인사 관리 등의 주요 업무를 담당했다. 과장으로 승진한 2000년 어느 날 고 대표는 '아버지 연세도 많고 몸도 안 좋은데 너는 정말 너대로 갈 거냐?'라는 어머니의 말씀에 당황할 수밖에 없었다. 무뚝뚝한 아버지가 어머니를 통해 넌지시 의견을 물어온 것이다. 그때까지 아버지의 공장엔 가본 적도 없었다. 건설업이 자신의 길이라고 생각하며 살아왔던 고 대표는 5개월 간 고민한 끝에 아버지를 돕기로 결심하고 관리부장으로 입사했다.

"처음엔 대기업 시스템에 맞춰져 있는 습성 때문에 중소기업의 업무 방식에 맞게 적응하기가 쉽지 않았습니다. 특히 젊은 사람이 자꾸 변화를 요구하는 것에 대해 직원들의 불만이 많았죠."

실제 제관업계는 휴가철에 생산 라인 가동을 전면 중단하고 공장 직원이 한꺼번에 휴가를 가는 것이 관행이었는데, 고 대표는 이 같은 비효율을 개선해야겠다는 생각에 휴가 제도부터 뜯어 고쳤다. 직원들이 휴가를 분산해 가도록 하고 생산 라인을 멈추지 않았다. 그러자 직원들의 불만이 거셌다. 생산 라인 중간 중간에 한 사람씩 빠지면 연결 작업이 안 돼 생산에 차질을 빚는다는 것이었다. 결국 2년 만에 다시 예전 시스템으로 돌아가는 시행착오를 겪었다.

"직장 생활에서는 내 할 일만 하면 됐으나 이제 나에게 주어진 일이라는 것이 따로 없고 모든 것을 내가 해야 합니다. 대기업에서는 실수를 해도 누군가가 보완해주지만 지금은 내가 잘못하면 회사의 존폐가 위협받을 수 있어 부담감이 큰 게 사실입니다."

하지만 고 대표가 합류하고 나서 많은 변화가 왔다. 공장 자동화를 통해 인건비를 줄였고 아산 공장 이전도 순조롭게 마쳤다. 아울러 회계 시스템을 정비하고 전사적 자원관리(ERP)도 도입했다. 특히 외국과 제휴한 롤러 제조 기술은 회사의 핵심으로 믿고 맡길 사람이 필요했었는데 동생이 회사에 합류하면서 외국 회사와의 협력에 가속도가 붙었다.

"동생과 밤늦도록 소주잔을 기울이며 경영 전반을 상의합니다. 형제 간 돈독한 우애로 회사를 키워나간 것이 성장을 이끈 원동력이라 할 수 있죠. 사장이지만 대기업에 다닐 때보다도 월급이 적습니다. 중소기업의 현실이 그만큼 어렵지만 가업을 잇는다는 자부심과 보람은 큽니다. 앞으로는 롤러 사업 부문을 성장시키는 데 전력을 다하려고 합니다. 지금까지 무조건 저가 롤러만 찾던 인쇄 시장이 비싸더라도 성능이 뛰어난 제품을 찾고 있어 롤러 분야에서 분명히 경쟁력이 있다고 봅니다."

세 번 실패 후
자동차 부품에 올인

대구시 달서구 월암동 성서공단에 있는 자동차 부품업체인 〈영진〉은 자동차 부품들을 결속 또는 완충시켜 주는 브래킷류와 히터 모터 휠 등에 먼지나 이물질이 들어가지 않도록 막아주는 커버류 등을 연 300억 원어치(2009년 추산) 생산한다. 〈영진〉은 400여 개에 달하는 〈현대자동차〉의 1차 협력업체 중 〈현대차〉가 적극적으로 기술과 경영 기법을 지원해 주는 50~100위권 업체로, 〈현대차〉와 유럽 자동차사로부터 해외 동반 진출을 요청받을 정도로 핵심 역량을 갖고 있다는 평가를 받는다. 자동차 부품 분야로는 2대째, 기계 업종으로는 3대째 가업을 잇고 있다.

6·25 직후 만든 국수 기계 부르는 게 값

창업주 고(故) 서채봉 옹(1916~1989)은 일제 시대 공업전문학교를 나왔다. 일류 엔지니어답게 한국전쟁이 끝난 직후 〈삼성기계제작소〉를 세우고 국수 뽑는 기계를 개발, 양산했다. 이 기계는 방방곡곡에서 주문이 밀려와 부르는 게 값일 정도였다. 한 대를 팔면 대구역 앞에 소달구지를 대고 가마니 10개에 가득 담긴 돈을 담아 집으로 실어왔다고 한다. 이렇게 들어오는 수입이 1년이면 지금 돈으로 수백 억 원에 달했다.

그는 1960년대 후반 라디오, 텔레비전, 가전제품 등의 전자 산업에 세 차례에 걸쳐 도전했다. 이게 성공했다면 지금 〈삼성〉, 〈LG〉와 같은 대기업 반열에 올랐을지 모를 일이지만 안타깝게도 모두 실패했다. 갖은 시련에도 불구하고 창업주는 산업 발전을 통해 애국한다는 신념을 굽히지 않았다. 1969년 당시 서울시 5급 공무원으로 잘나가던 장남인 서종원 씨(1937~2007)를 고향으로 불러들려 회사를 넘겨받아 키워 볼 것을 권유했다. 하지만 서울 강남 지역 개발 착수를 목전에 두고 막강한 권한을 쥐었던 아들은 주저했다. 안정적인 공무원을 그만두고 기름 냄새 나는 공장에 가기 싫어서였다. 결국 아버지의 강권을 못 견디고 석 달 만에 대표 자리에 올랐다.

7년간 공무원으로 지냈던 2대 서종원 대표는 목에 잔뜩 들어긴 힘이 쉽게 빠지질 않았다. 취임 초기 근로자들과 어울리는 것부터 적성에 맞

브래킷 품질을 점검하고 있는 서승구 대표

지 않았다. 월급 줄 때가 다가오면 은행에 가서 돈을 구해야 하는 게 끔찍했다. 게다가 재래식 기계 산업은 한계에 봉착해 10년 가까이 이렇다 할 발전이 없었다. 고민을 거듭하던 중 국내에서도 자동차 산업이 뜰 것이라고 판단한 서 대표는 1978년 자동차 부품업체인 〈진양정밀〉을 세우고 업종 전환에 나섰다.

사업 초기만 해도 연결고리나 완충재 같은 소품을 생산하는 데 그쳤다. 새 업종에 적응하느라 회사는 간신히 유지됐다. 1988년에 이르러서야 회사가 상당한 규모로 커지고 제품 수준도 올라가면서 〈영진〉으로 사명을 바꿨다. 그러나 이후 6년간은 투자 타이밍을 놓치고 숙련 기술자들이 빠져나가는 등 성장이 정체됐다. 1994년 〈현대자동차〉 1차 협력업체로 선정되면서 비로소 품질 확보와 기술 개발에 안정을 찾았다. 2002년엔 부도 직전의 프레스 전문 부품 생산업체인 〈삼원공업〉을 110억 원에 인수, 합병(M&A)했다.

3년간 20만 킬로미터를 주행하며 영업

2대의 역할은 여기까지였다. 이듬해 경기가 나빠지고 나이 탓에 경영 감각도 떨어지자 그도 선친처럼 아들에게 경영 참여를 부탁했다. 이런 부름에 장남인 현 서승구 대표(43)는 고개를 저었다. 어린 시절 할아버지의 사업 실패로 리어카 위에서 세 번이나 밤하늘의 별을 보며 야반도주하듯 더 작은 집으로 이사 가야 했던 기억은 서 대표에게 절대 제조업은 하지 않겠다는 잠재의식을 갖게 했다. 특히 서울 강남 지역에서 은행원으로 근무하며 자금난 때문에 돈을 구하러 자신을 찾아와 허리를 굽히는 중소기업 사장들의 애환을 누구보다 잘 알았던 만큼 더욱 그랬다. 문제는 회사가 점점 위기 상황에 빠지면서 떠나는 직원들이 하나둘씩 늘어났다는 점이었다. 자식 된 도리로서 더 이상 두고 볼 수만은 없었다.

결국 회사로 출근하게 된 서승구 대표는 부친과 마찬가지로 공장 적응에 애를 먹었다. 처음에는 직원들과 아는 척을 않는다고 욕을 먹은 적도 있었다. 그러자 서종원 회장은 아들을 품질관리부에 보내 고객의 쏟아지는 불만을 들으며 자연스럽게 인내를 배우게 했다. 서 대표는 차츰 변해 갔다. 주인의식과 해병대 정신(중위 전역)으로 재무장했다. 3년 간 20만 킬로미터를 주행할 정도로 영업 최일선에서 뛰었다.

직원들의 능력 개발을 독려하는 것은 물론 다양한 휴가 제도를 운영하면서 유공자에 대한 포상도 아끼지 않았다. 무료 독감 예방접종 등의 배려에 직원들과의 관계도 돈독해졌다. 서 대표는 선친이 작고한 2007년 회사를 승계했다. 서 대표는 입사 당시 238억 원에 불과하던 〈영진〉의 매출을 2008년 280억 원으로 끌어올렸다. 로봇 도입, 공정 자동화 등으로 원가를 40%가량 낮추고 품질 향상에 적극 나선 덕택이었다.

영진 3대

서승구

"할아버지께서 만드신 사훈은 '충성은 조국에, 생명은 통일에, 연구는 국력에'라는 거대한 스케일을 가진 것이었습니다. 반면 아버지가 바꾸신 '창조·근면·정확'이란 사훈은 공장에 걸맞은, 다분히 실용주의적인 내용이죠. 회사를 번듯하게 키워 조부의 원대한 이상을 이뤄드리고 싶습니다. 1차적인 목표는 2013년까지 매출을 1,000억 원대로 끌어올리고 순익을 매출 대비 10% 수준으로 창출해 회사를 상장하는 것입니다."

이를 위한 서승구 대표의 구체적인 전략은 사업 다각화 및 고부가가치 제품 개발, 해외 진출이다. 최근 〈영진〉은 소량이지만 모터 커버를 생산해 〈귀뚜라미보일러〉에 납품했다. 앞으로 세계적 휴대폰 업체인 〈노키아〉와 협의해 금속 재료로 만든 휴대폰 외장 케이스를 생산할 계획이다. 〈노키아〉는 국내 여러 업체와 접촉했으나 금속으로는 더 이상 세련된 케이스를 만들기 어렵다고 다들 손을 든 반면 〈영진〉은 금형 설계와 프레스 가동 노하우를 동원하면 충분히 가능하다는 뜻을 밝혔다. 기존 자동차 부품도 이왕이면 모듈화해 부가가치를 높이고 자동차 회사의 조립 공정도 줄여준다는 전략이다. 해외 진출을 모색하고 있는 서 대표는 2007년 말 〈현대차〉가 진출한 체코로 2주간 현지 답사를 다녀왔다.

"서유럽에선 사업의 높은 위험성과 근로자의 안전사고 및 노동시간 경직성을 우려해 부품 공장을 만들지 않고, 동유럽은 제품이 투박해 서유럽이 요구하는 품질을 맞춰 주지 못해요. 서유럽 자동차 전문가들이 우리 부품의 수준을 보고 깜짝 놀랐습니다. 유럽 자동차 회사들이 〈현대〉에 납품하는 가격에 30%를 더 줄 테니 진출해달라고 요청해 왔습니다. 〈현대차〉의 협력업체로 동반 진출하는 데 그치지 않고 글로벌 일류 부품업체가 되기 위해 노력할 것입니다."

다만 최근 닥친 경제 위기가 그의 결단을 머뭇거리게 하고 있다. 그럼에도 불구하고 서 대표는 담담했다. 과거 은행원 시절과 비교하면 금융 등 서비스업은 고객 만족이란 개념이 추상적이고 결과에 따라 좌우되지만 제조업은 물건만 잘 만들면 곧바로 고객 만족으로 이어지는 것은 물론 떵떵거리며 팔 수 있다는 것이다.

"똑같은 프레스로 부품을 찍어내지만 우리 회사가 만든 1000여 종의 제품에는 '감성' 품질이 들어 있다고 해요. 금형이나 프레스를 다루는 능력이 뛰어나고 숙련된 기술자의 숨은 노하우도 담겨 있으니 기능과 내구성은 물론 외관과 고객의 느낌까지 좋죠. 이런 장점을 살려 보다 부가가치가 높은 제품을 만들겠습니다. 직원들과 함께 어려움을 극복하고 회사를 성장시켜 직원들이 퇴사한 후 자녀를 다시 입사시키고 싶은 회사로 만드는 것이 꿈입니다."

출혈경쟁 위기 속에서 기독교 달력에 집중

일반인들에게는 낯설지만 〈진흥문화〉는 기독교 달력업계에서는 유명하다. 한해 800만 부에 달하는 교회 달력 시장의 절반가량을 점유하고 있기 때문이다. 출판 및 기독교용품 사업 등을 합친 〈진흥문화〉의 연 매출은 100억 원에 이른다. 30년 실전 노하우로 무장한 박경진 회장의 든든한 조언을 밑거름 삼아, 젊은 패기와 최신 경영이론을 앞세워 회사를 이끌고 있는 박형호 대표는 내실을 다지면서 사업 다각화 및 수출 확대를 꾀하고 있다.

탁월한 전략과 타고난 성실함

〈진흥문화〉의 출발은 초라했다. 충남 서산에서 소작농 생활을 하던 박경진 회장은 1969년 상경했다. '그 넓은 서울에 설마 밥벌이 할 일이 없겠느냐'라는 생각에 이불보따리를 싸매고 난곡동 철거민촌에 자리를 잡았다. 하지만 초등학교 졸업 학력에 왼쪽 눈이 일그러진 채 태어난 박 회장이 번듯한 직장을 잡는다는 것은 애초부터 불가능했다.

막노동에서부터 쌀집 배달원, 노점상에 이르기까지 닥치는 대로 일할 수밖에 없었다. 그러던 그에게 한 중소 달력업체가 달력을 팔아주지

않겠느냐고 제안해왔다. 1973년 10월부터 3개월 동안 했던 달력 영업은
아르바이트치곤 수입이 쏠쏠해 쌀 20가마(80킬로그램)를 살 수 있는 돈
을 벌었다. 박 회장이 달력 영업의 귀재가 될 수 있었던 것은 탁월한 전
략과 타고난 성실함 덕분이었다.

독실한 기독교 신자였던 그는 당시 누구도 눈여겨보지 않았던 교회에
주목했다. 예수님의 모습이 담긴 달력을 내놓자 교회의 반응은 그야말
로 폭발적이었다. 또, 박 회장은 남들보다 더 열심히 뛰었다. '한번 인
연을 맺은 사람은 끝까지 함께한다'라는 마음으로 일하는 박 회장의 모
습에 감동한 고객들이 새로운 고객을 소개해주기도 했다.

자신감이 붙은 박 회장은 1976년 〈진흥문화〉를 설립하며 본격적으
로 달력 사업에 뛰어들었다. 하지만 교회 달력을 내놓는 업체들이 하나
둘씩 생기면서 사업은 정체 상태에 빠졌다. 남들과 다른 달력을 만드는
것 외에는 방법이 없었다. 급기야 박 회장은 1983년 3월 3주 일정으로
유럽 11개국 교회·성당 투어에 나섰다. 셋방살이를 할 정도로 자금 사
정이 쪼들렸지만 기독교의 본산인 유럽 문화를 온몸으로 느껴야 남들과
다른 달력을 만들 수 있다는 판단에서였다.

기독교 달력의 새로운 변화

귀국한 박 회장은 바티칸 성당 등을 둘러보며 얻은 영감과 유럽에서
사 모은 기독교 그림책을 바탕으로 새로운 형태의 달력 제작에 도전했
다. 예수의 모습과 날짜로만 구성된 기존 기독교 달력과는 달리 스토리

인쇄된 달력을 살펴보고 있는 박경진 회장(왼쪽)과 박형호 대표

가 있는 성화(聖畵)와 그 내용을 설명해주는 성경 구절을 함께 새겨 넣어 만든 '위대한 생애' 달력은 그해 53만 부나 팔렸다. 단일 모델로 50만 부 이상 팔리는 달력은 지금도 찾아보기 힘들 정도다. 이후로는 승승장구였다. 박 회장이 발로 뛰며 신뢰 관계를 구축한 교회가 해를 거듭할수록 늘었기 때문이다.

〈진흥문화〉가 보유한 성화 그림과 사진 등의 콘텐츠는 경쟁 업체보다 훨씬 풍부하기 때문에 자발적으로 고객이 된 교회도 헤아릴 수 없이 많았다. 1994년 기업체용 달력 시장에 뛰어들면서 생산 부수는 더욱 늘어 2001년에는 640만 부를 찍어내는 대형 달력업체가 됐다. 부평순복음교회, 연세중앙교회 등 전국 2만 여개 교회가 속속 〈진흥문화〉의 고객이 됐다.

장남인 박형호 대표(41)가 합류한 것은 이 즈음이었다. 아버지는 미국 캘리포니아주립대 MBA(경영학석사)를 마친 큰아들에게 큰 회사에서 일해보라고 권했지만, 박 대표는 가업 승계를 택했다. 입사 2년 만인 2003년 대표이사에 취임한 박 대표는 외형보다 내실을 다지는 데 주력했다.

출혈 경쟁이 벌어지던 기업체용 달력 사업을 2004년에 접고 기독교 달력에 집중했다. 생산 부수가 200만 부 가량 줄면서 매출도 150억 원에서 100억 원 수준으로 추락했지만 수익성은 오히려 좋아졌다. 내친 김에 회계를 비롯한 낙후된 기업관리 시스템도 하나하나 고쳐나갔다.

진흥문화 2대

박형호

"대학 시절에는 연말이 되면 오붓하게 모여 송년회를 하는 친구들이 어찌나 부럽던지…. 저는 산더미처럼 쌓인 달력을 배송하느라 쉴 틈이 없었거든요. 그랬던 제가 막상 사장이 되고 나니 한가한 연초보다는 정신없이 바쁜 연말이 더 좋더라고요."

박형호 대표는 아버지의 뒤를 이어 달력쟁이가 되고 싶다는 희망을 어린 시절부터 갖고 있었다. 물론 연말에만 느낄 수 있는 즐거움을 반납하는 게 아쉬웠지만 고객들에게 새로운 한 해를 전달해준다는 보람이 더 크다는 이유에서였다.

"어릴 때부터 〈진흥문화〉는 나와 함께할 회사라고 생각했기 때문에 다른 회사에 입사하는 건 생각하지 않았습니다. 미국에 유학을 간 것도 새로운 경영기법을 배워 〈진흥문화〉를 한 단계 도약시키기 위한 것이었죠."

하지만 실제 기업 경영은 생각처럼 만만한 게 아니었다. 박 대표가 배운 경영이론은 산전수전 다 겪은 노(老) 경영인의 직감과 부딪치기 일쑤였다. 현안이 터질 때마다 박 대표는 'A가 정답'이라고 주장했지만, 아버지는 'B가 옳다'는 뜻을 굽히지 않았다. 평행선을 긋던 부자는 수없이 많은 대화 끝에 서로의 장점을 최대한 살릴 수 있는 길을 택했다. 아들이 젊은 패기와 최신 경영이론을 앞세워 회사를 이끌면 30년 실전 노하우로 무장한 아버지가 뒤에서 밀어주기로 한 것이다.

"아직도 큰일이 생길 때마다 아버지를 찾아 자문을 구합니다. 오랫동안 고민하던 문제가 단번에 풀릴 때마다 아버지를 따라가려면 아직도 멀었다는 생각이 들기도 합니다."

대표이사에 취임한 뒤 내부 역량 강화에 주력해온 박 대표의 다음 목표는 사업 다각화 및 수출 확대를 통해 〈진흥문화〉의 규모를 키우는 것이다. 사업 다각화의 경우 이미 교회용 월간지 제작과 학습지 인쇄 시장에 진출한 상태다.

박 대표는 현재 7대3 수준인 달력 인쇄와 일반 인쇄 비중을 중장기적으로 5대5 수준으로 바꿔나갈 계획이다. 또 기독교 관련 영상 콘텐츠 사업에도 뛰어드는 방안을 검토하고 있다. 수출 확대의 주 무대는 미국이다. 지금은 교포를 대상으로 달력을 수출하고 있지만 미국인이 다니는 현지 교회를 거래처로 만드는 게 목표다.

"시간이 날 때마다 어떻게 하면 미국인 교회에 우리 달력을 납품할 수 있을까를 고민합니다. 미국에 있는 교회 숫자가 한국보다 수십 배는 많을 것 아닙니까. 뚫기만 하면 엄청난 블루오션을 창출할 수 있겠죠. 2010년까지 내부 구조조정을 끝마치고 새로운 도약의 전기를 마련할 겁니다. 아버지가 세운 기업을 더 크고 건실하게 키워 자식에게 물려주는 게 제 목표입니다."

외환위기 후 6년 적자 극복하고 재도약

경기도 평택시 포승산업단지에 있는 〈영신금속공업〉 공장에서 150여 대 기계가 만들어내는 스크루와 볼트 생산량은 연간 25억 개 안팎이다. 간단한 전자제품을 조립하는 데 쓰이는 3원짜리 스크루부터 1개당 1000원에 이르는 자동차 조향장치용 볼트까지 그 종류는 1만여 종에 달한다. 게다가 〈삼성전자〉, 〈LG전자〉, 〈현대기아자동차〉, 〈GM대우〉 등 국내 굴지의 대기업을 고객으로 두고 있을 뿐 아니라 〈제너럴모터스(GM)〉 등 해외 메이커에도 납품하고 있어 전자, 자동차, 건설 등 제조업체들에는 낯설지 않은 이름이다. 최신 경영이론(미국 위스콘신대 경영학 석사)으로 무장한 2세 경영인 이정우 대표(47)와 산전수전 다 겪은 이성재 회장은 서로 부족한 점을 보완해주며 새로운 정밀 금속가공 분야에 진출하는 방안을 모색하고 있다.

중화학 공업화가 가져다줄 기회를 간파한 안목

〈영신금속공업〉의 시작은 대한민국의 중화학 공업이 꽃피기 시작한 1967년으로 거슬러 올라간다. 대학 졸업 후 10여 년간 섬유와 염료를 수입 판매하며 시장 트렌드를 읽는 눈을 갖게 된 이성재 회장(82)은 중화학 공업화가 가져다줄 기회를 간파했다. 전자, 자동차, 건설업이 활

성화되면 당연히 나사에 대한 수요도 늘어날 것이라고 판단한 이 회장은 선풍기, 라디오 등 우리 제품에 들어가는 나사가 모두 수입품이란 비참한 현실을 바꾸기 위해서라도 누군가는 반드시 뛰어들어야 한다는 사명감으로 제조업에 도전했다.

하지만 무역업자가 제조업에 투신하는 것은 모험에 가까웠다. 아무런 기반이 없었지만 품질 좋은 나사를 만들면 판로는 열릴 것이란 생각으로 기술력에 승부를 걸었다.

서울 문래동의 33제곱미터짜리 공장은 그와 10여 명의 직원들에게는 신제품 개발을 위한 연구소나 다름없었다. 〈영신금속〉이 국내 최초로 개발한 '십(十)자 스테인리스 스크루'는 이 회장과 직원들의 땀과 눈물이 어린 작품이었다. 팔순이 넘은 노(老) 경영자는 지금도 골프카트를 개조한 전동차를 타고 일주일에 세 번씩 공장 구석구석을 돌며 기술자들과 얘기를 나눈다.

이 회장의 기술경영이 본격적으로 빛을 발한 건 1980년대에 들어서면서부터이다. 혁신적인 제품을 쏟아내면서 '유망 중소기업'(1983년 상공부) 타이틀을 따낸 데 이어 '기술진흥 공로 표창'(1985년 과학기술처)도 받았다.

장남인 이정우 대표가 합류한 것도 이 즈음이었다. 평소 가업을 잇는 것을 운명으로 생각했다는 이 대표는 1987년 〈영신금속〉 무역부에 말단 사원으로 입사했다. 최신 경영이론(미국 위스콘신대 경영학 석사)으로 무장한 2세 경영인과 산전수전 다 겪은 창업 1세대는 서로 부족한 점을 보완해줬다.

'역발상 경영'으로 외환위기 극복

하지만 1997년 닥쳐온 외환 위기는 순조롭게 뻗어나가던 〈영신금속〉에 엄청난 시련을 안겨다주었다. 최대 거래처였던 〈기아자동차〉가 부도 난 데 이어 〈대우자동차〉도 휘청거렸기 때문이다. 여기에 원자재 파동까지 더해지면서 〈영신금속〉은 이후 6년 연속 적자의 늪에서 허덕여야 했다.

1999년 대표이사로 취임한 이 대표는 고민을 거듭한 끝에 승부수를 띄웠다. 2001년 기술연구소를 설립하는 등 연구개발(R&D) 투자를 늘리는 동시에 서울 구로동 공장과 인천 남동 공장을 매각하고 포승단지로 통합 이전키로 결정, 2003년 공장을 옮기면서 설비도 최신 제품으로 바꿨다.

대형 볼트를 살펴보고 있는 이성재 회장(오른쪽)과 이정우 대표

일각에서는 '공장 매각 대금으로 재무 상태를 개선하라'고 부추겼지만, 이 대표는 오히려 공장 매각 대금(140억 원)보다 훨씬 많은 190억 원을 새 공장에 투입했다.

적자 상태에서 벗어나기 위해 더 많은 돈을 투자하는 일종의 '역발상 경영'인 셈이었다. 내친 김에 불량률을 떨어뜨리는 운동도 병행했다. 결과는 대성공이었다. 기존 제품의 품질이 개선되고 신제품도 잇따라 출시되자 납품물량을 늘려달라는 국내외 거래처들의 러브콜이 쇄도했다. 특히 세계 최고 수준으로 평가받은 '자동차 접지용 볼트'는 〈GM〉의 글로벌 네트워크를 통해 전 세계에 공급되기 시작했다. 그렇게 2003년 226억 원에 불과했던 매출은 4년 뒤인 2007년 555억 원으로 2배 이상 확대됐다. 이 회장의 창업 정신 가운데 하나였던 '기술경영'이 〈영신금속〉을 위기에서 구해낸 셈이라고 할 수 있다.

영신금속공업 2대

이정우

　"'새 술은 새 부대에 담아야 한다'라는 격언이 언제나 맞는 건 아니라고 생각합니다. 2세가 대권을 잡았다고 창업 공신들을 갈아치우면 수십 년 노하우도 함께 날아가는 것 아닌가요. 저는 '내 사람'을 키우는 대신 '아버지 사람'을 내 사람으로 만드는 데 온 힘을 쏟았습니다."

　〈영신금속공업〉에는 유난히 고령자가 많다. 부사장 3명 가운데 2명은 고희(古稀, 70세)를 넘겼고, 한 명은 환갑을 눈앞에 두고 있다. 나머지 임원들도 모두 이정우 대표의 인생 선배들이다. 생산 라인에도 정년 퇴직(58세)한 뒤 계약직으로 재입사한 60대 베테랑들이 있다. 이 대표가 고참들을 중용하는 이유는 간단하다. 반짝이는 아이디어를 가진 젊은 인재만큼이나 임직원들이 최고의 성과를 낼 수 있도록 독려하는 노련한 리더십도 필요하기 때문이다. 이런 역할을 하는 데는 회사 시스템과 임직원들을 꿰뚫고 있는 고참이 제격이란 것이 이 대표의 생각이다. 이들과 함께하면 30년 넘게 축적된 각종 노하우와 인맥이 사장되는 것도 막을 수 있다는 것이다.

　"노사 분쟁도 장기적인 고용 안정에 대한 노조원들의 불안감에서 비롯된 사례가 많지 않습니까. 장기 고용은 안정적인 노사관계를 일구는

데 큰 도움이 되고 있습니다."

실제 이 대표의 장기 고용 정책에 〈영신금속〉 직원들은 '무(無) 노조'로 화답하고 있다.

"노조가 없다는 것은 그만큼 경영진과 직원이 서로 믿는다는 얘기일 겁니다. 〈영신금속〉이 수많은 난관을 이겨낼 수 있었던 원동력은 지난 40여 년간 대내외적으로 쌓아온 신뢰였습니다."

이 대표의 목표는 스크루와 볼트만으로 수조 원의 매출을 거두고 있는 글로벌 기업처럼 〈영신금속〉의 위상을 끌어올리는 것이다. 국내 스크루, 볼트업계의 생산 규모가 미국의 10%, 일본의 20%에 불과한 만큼 성장 가능성은 무궁무진하다는 게 이 대표의 판단이다.

"항공기나 원자력발전소에 들어가는 고강도 볼트 등 아직 뚫지 못한 분야가 많습니다. 중장기적으로 스크루와 볼트 외에 새로운 정밀 금속 가공 분야에 진출하는 방안도 모색하고 있습니다. 원자재 가격 인상 여파로 경영 여건이 만만치 않지만 그간 수많은 난관을 극복해온 저력으로 이를 돌파할 계획입니다."

머릿속이 온통 나사로 채워진 그에게 다시 태어난다면 어떤 일을 하고 싶은지 물었다.

"서울대 법대 출신의 아버지에게 언젠가 법조인에 대한 미련은 없으시냐고 물었더니 '지금 이 길을 걷게 된 걸 단 한 번도 후회한 적이 없다'라고 대답하시더군요. 저 역시 제 아들이 자라서 같은 질문을 던진다면 '후회는 없다. 다만 〈영신금속〉에 입사한 때로 되돌아가 그동안 저지른 과오들을 하나씩 고치고 싶다'라고 말할 겁니다."

트럭 한 대로 출발해 군납 물량 1위 달성

- 1대 강봉조
- 2대 강상훈

〈동양종합식품〉은 햄, 소시지, 어묵 등을 생산하는 34년 역사의 육가공업체이다. 일반 소비자들에게는 생소한 업체이지만 웬만한 사람이라면 알게 모르게 〈동양종합식품〉이 만든 어묵이나 돈가스, 소시지를 먹어봤다고 해도 과언이 아니다. 이 회사는 군납 물량의 15%를 차지하는 국내 1위 중소기업이다. 한때 〈CJ〉, 〈동원산업〉 등 대기업 제품의 일부도 〈동양종합식품〉이 만든 주문자상표부착생산(OEM) 방식 물량이다. 강봉조 회장의 뒤를 이어 2대 강상훈 대표가 명맥을 이어나가고 있다.

안정적인 거래처 확보를 위해 군납 시장 개척

창업주인 강봉조 회장(2005년 작고)은 원래 군(갑종) 출신으로 40대 후반의 늦깎이 창업에 뛰어들었다. 당시 4남매 중 대학생만 2명이어서 군대 월급으로는 도저히 학비를 감당하기 어려웠기 때문이었다. 중령으로 예편한 강 회장은 지인들의 권유로 식자재 사업이 유망하다고 판단, 퇴직금을 몽땅 넣어 1975년 경북 경산에 〈동양종합식품〉의 전신(前身)인 〈동양종합상사〉를 세웠다.

초기에는 대기업 도소매로 시작했다가 아예 식품 공장을 차렸다.

1980년대 도시락 반찬으로 인기를 끌었던 '혼합 소시지'를 비롯해 양념소스, 당면, 과자 등을 만들었다. 사회 기반이 없었던 창업주는 그야말로 밑바닥 영업부터 시작했다. 손수 2.5톤 트럭을 몰고 전국 각지의 안면도 없는 중간 상인(대리점)들을 찾아다니며 공장에서 만든 식품을 팔았다. 트럭에서 밤을 지새우기 일쑤였고, 물건을 납품하고 돌아오면 공장에서 근로자들과 뒤섞여 제품을 생산했다. 오랜 군 생활을 통해 근면함과 정직함이 몸에 밴 탓에 원가를 속이지 않고 납품 기일을 제때 맞추는 것을 중요시했던 강 회장은 여느 장사꾼과는 디르다는 소문이 퍼지면서 거래처도 늘기 시작했다.

어느 정도 기반을 다지던 〈동양종합상사〉는 1985년 거래처에서 받은 8억 원가량의 어음이 부도 처리되면서 유동성 위기를 겪었다. 강 회장은 여기저기에서 돈을 빌려 빚을 돌려 막으며 힘겹게 회사를 운영해야 했고, 부인까지

소시지를 들고 활짝 웃는 강상훈 대표

공장에서 숙식하며 일할 정도로 힘든 시절이었다.

회사 존립의 위기 속에 자금난을 겪으면서 안정적인 거래처를 절감한 강 회장은 돌파구로 군납 시장에 뛰어들기 시작했다. 1988년 육군본부를 찾아가 군의 급식 개선을 명분으로 햄버거 식단을 제의했는데, 이는 햄버거에 들어가는 패티(고기 조각)를 납품하기 위해서였다. 강 회장의 제의를 긍정적으로 판단한 육본 측에서는 우선 시범 급식을 실시했다. 병사들의 호응도가 높게 나오면서 햄버거가 정식 식단으로 확정됐다.

패티가 성공하자 돈가스, 햄, 전투식량 등으로 군납 품목을 늘려 나갔다. 사회가 선진화되면서 갈수록 육류 소비가 늘어날 것이라고 판단한 강 회장은 이때부터 주력 제품도 육가공과 양념 소스로 재편했다. 군납 시장이 커지면서 육가공협동조합을 결성하고, 초대 및 2대 이사장에 이어 5대, 6대 이사장을 연거푸 역임했다.

100년 이상 가는 장수기업으로 도약

1989년에는 강 회장의 차남 강상훈 대표가 〈동양종합식품〉에 합류하면서 본격적으로 가업을 잇게 되었다. 이후 〈제일제당〉, 〈동원산업〉, 〈오양수산〉 등 대기업 OEM 시장에 뛰어들면서 사세가 본격적으로 확대되기 시작했다. 해마다 주문이 늘면서 경남 합천에 제2공장을 지었다. 회사명도 지금의 〈동양종합식품〉으로 바꿨다. 품질과 위생 관리의 우수성을 인정받으면서 축산물 HACCP 지정, 환경친화기업 지정 등의 수상도 잇따랐다.

2005년 〈동양종합식품〉은 100년 이상 가는 장수기업으로 성장하기 위한 대변신에 착수한다. 바로 업무 효율화와 위생 관리 업그레이드를 위해 경북 경산과 경남 합천 등에 흩어져 있던 공장을 경북 영천에 새 부지를 마련하고 통폐합키로 한 것이다.

〈동양종합식품〉이 오랜 시간 동안 식품회사로 입지를 다진 것도, 보다 좋은 제품을 만들기 위한 투자에 관심을 기울인 강 회장의 기업 마인드가 쌓인 결과이다. 하지만 강 회장은 갑작스레 찾아온 급성 폐렴으로 공장 완공을 보지 못하고 눈을 감았다.

158억 원을 들여 완공된 2만 1000제곱미터 규모의 이 공장은 반도체 공장과 같은 에어 샤워(Air shower)실은 물론 온도·습도 조절, 공기 정화 등 당대 최고 수준의 생산 설비를 갖추고 있다.

단일 공장으로는 중소기업 가운데 가장 큰 규모이다. 강 대표는 식품 회사의 생명인 철저한 위생 관리와 끊임없는 품질 개발로 지속적인 변신과 혁신을 통해 〈동양종합식품〉을 100년 이상 가는 장수기업으로 성장시킬 계획이다.

동양종합식품 2대

강상훈

부친의 영향을 받은 탓일까. ROTC 25기(대구대 경영학과 83학번)로 임관한 강상훈 대표(45)도 당초 군대에서 '말뚝(장기 지원)'을 박을 생각이었다. 스스로 군 체질이라 여긴 데다 2남 2녀 중 차남이어서 강 대표가 가업을 이어받게 되리라고는 전혀 생각지 않았던 것이다.

하지만 사람의 운명은 그 누구도 알 수 없듯이 강 대표의 가업 승계 역시 본인의 의지와는 무관했다. 모범생에다 수재인 형은 사업을 물려받기에는 천성이 맞지 않았던 탓에 적극적이고 활동적이었던 강 대표가 후계자로 뽑혔던 것이다.

"역시 군 출신인 선친께서 형의 싹을 보시곤 저를 지목한 것 같습니다. 군 생활을 접게 돼 아쉬움이 컸지만 회사 경영에 힘겨워하던 부친을 외면할 수도 없어서 주저 없이 군복을 벗고 정신없이 회사 일에 매달려 왔습니다."

1989년 말단 계장으로 입사한 강 대표는 작업장 밑바닥 공정부터 일을 배웠다. 공교롭게 회사가 급성장한 시점도 강 대표가 입사한 이후부터라는 점에서 보면 부친의 선견지명이 딱 들어맞은 셈이다. 실제 1989년 연간 매출 10억 원 정도였던 〈동양종합식품〉은 현재 매출이 200억 원대로 20배나 성장했다. 강 대표는 부친의 뒤를 이어 육가공협동조합 7대 이사장을 거쳐 현재 8대 이사장직을 맡고 있다.

강 대표는 최근 또 한 번의 변신을 시도하고 있다. 대기업 OEM 및 군납에 이어 내수 시장에 본격 진출키로 하고, '선팜(Sun Farm)'이라는 내수용 브랜드를 확정했다. 강 대표는 일단 할인점 등을 타깃으로 한 중고가 제품을 통해 소비자들을 공략한 뒤 점차 시장 점유율을 높여 나갈 계획이다.

"최신 설비와 철저한 위생 관리를 통해 생산되는 제품인 만큼 소비자들에게도 좋은 반응을 얻을 것으로 확신합니다."

2대 경영을 맡은 강 대표는 효율적인 가업 승계의 토대를 닦는 일에 상당한 관심을 기울이고 있다. 중소기업중앙회에 마련된 가업승계특별위원회 위원이기도 한 그는 우리나라에도 100년 이상 지속되는 장수기업이 나오려면 소유와 경영을 분리해야 한다는 지론을 표방하고 있다.

"기업의 오너가 반드시 경영권을 쥐고 있어야 한다는 사고방식을 고집하다가 회사의 존립이 위태로워진 사례가 부지기수입니다. 가업을 이어받을 오너가 능력이 부족하면 과감하게 전문경영인에게 경영권을 양도해 노하우를 수혈받아야 합니다. 그래야 힘겹게 쌓아 올린 회사의 역사가 오랫동안 유지될 수 있죠."

Chapter 4

옹고집으로 100년을 버텼다

안성주물

한진공예사

3대 손바느질 양복점

윤도장전수관

전통예산옹기

낙원떡집

진미식품

안성주물

4대째 녹여온 놋쇠로 구수한 밥맛을 잡다

경기도 안성시 계동마을에 있는 〈안성주물〉의 공장은 가마솥의 재료인 고철이 곳곳에 널브러져 있어 마치 1960년대 대장간을 연상시킨다. 이곳에서는 4대째 무쇠(선철)로 전통 가마솥 맥을 잇고 있는 김종훈 씨(79, 경기도 무형문화재 45호 주물장)와 차남 성태 씨(45, 전수자)가 5~10단계의 수작업으로 다양한 크기의 솥을 만들고 있다.

유기로 유명한 안성에서 터 잡아

〈안성주물〉의 역사는 1910년대로 거슬러 올라간다. 당시 충북 청원군 북이면에 살던 김 주물장의 할아버지 김대선 씨가 유기(놋쇠)로 유명한 안성으로 이사 와 유기 공장에서 놋쇠 다루는 일을 하다 독립해 가마솥을 만들었다. 뒤를 이어 김 주물장의 아버지 김순성 씨(1970년 작고)가 1924년 안성시 봉산동 물문거리에 132제곱미터 규모의 공장을 세워 15명의 직원과 함께 매월 20여 개의 가마솥을 만들면서 기반을 다졌다. 일제 강점기에는 가마솥의 원재료인 쇠를 배급 받았고, 해방 후에는 고철을 구입해 솥을 만들었다. 이렇게 만들어진 제품은 경기, 충청 일대에 내다 팔았다.

고령이 된 김순성 씨는 김 주물장의 친구에게 공장을 맡겼는데 이 친구가 숙련공 일부를 빼내 독립하면서 공장이 문을 닫을 지경에 이르렀다. 이런 상황을 보고만 있을 수 없었던 김 주물장은 어릴 때부터 아버지 일을 돕던 경력을 발판 삼아 22살이던 1953년 대학(수원농대 농학과 50학번)을 그만두고 가업을 이어받았다. 〈안성주물〉의 가마솥은 한국전쟁이 끝난 직후 품귀 현상을 빚으면서 제품이 달릴 정도였다. 하지만 1970년대 들면서 양은냄비가 나오고 새마을운동으로 입식 부엌이 도입되면서 수요가 점차 줄어들었다. 김 주물장은 1980년 현재의 계동마을로 공장을 옮겨 가마솥 외에 연탄난로와 새마을보일러를 만들었다. 석유가 귀할 때여서 트럭이 공장 앞에서 기다릴 정도로 연탄난로와 보일러는 불티나게 팔렸다. 당시 〈안성주물〉은 직원 50명에 연 매출 70억 원으로 최고의 전성기였다.

인터넷과 공장에서만 판매되는 최고의 명품

아버지에게 쇳물을 다루는 위험한 일 대신 다른 일을 하라고 권유받았지만 3대를 이어온 가업을 포기할 수 없었던 차남 성태 씨는 1988년 군에서 제대하면서 가업을 이었다. 그의 팔과 다리에는 쇳물에 덴 흉터가 여러 곳 남아 있다. 1995년부터 중국산이 범람하면서 가마솥 수요가 크게 줄었고, 특히 중국산은 원산지 표시가 없어 소비자들이 우리 제품으로 혼동하는 경우도 있다.

쇠죽을 끓이거나 메주콩을 삶을 때 쓰는 지름 62센티미터짜리 가마솥의 경우 중국산은 무게가 34킬로그램으로 두께가 얇고 가벼울 뿐만 아니라 가격도 〈안성주물〉의 제품(무게 50킬로그램, 39만 원선)의 6분의 1에 불과하다.

한번은 1~2년 밖에 쓰지 않은 솥바닥에 구멍이 났다고 항의하는 고객의 전화를 받았는데, 〈안성주물〉의 솥은 시장에서 팔지 않는다고 하자 아무 말 없이 끊은 에피소드도 있다고 한다. 〈안성주물〉은 인터넷과 공장에서만 솥을 판매한다.

2002년 성태 씨는 전통 기법을 유지하면서 누룽지 맛을 낼 수 있도록 현대화한 '미니 가마솥'을 내놓았다. 이 솥은 아내의 제안으로, 밥을 할 때 물이 넘쳐 영양 손실이 되지 않도록 솥뚜껑이 안쪽으로 들어가게 만들어 실용특허를 받았다. 또, 뜨거운 솥뚜껑을 쉽게 들 수 있도록 나무 손잡이도 만들었다. 처음에는 잘 팔릴까 걱정했지만 100여 년을 이어온 전통 가마솥의 크기를 변형시킨 미니솥은 웰빙 바람을 타고 지금까지 1만 개 이상 팔리는 등 인기를 끌고 있다.

〈안성주물〉은 포스코에서 구입한 무쇠로 일주일에 약 200개의 솥을 만들고 있다. 〈안성주물〉 가마솥은 한번 사 가면 15~30년을 쓸 수 있어 단골이 없는 것이 특징인데, 주로 입소문을 통해 미니 솥은 월 150개, 가마솥은 월 50개 정도 주문이 들어온다고 한다. 명품 소문이 알려지면서 각종 전통 행사나 종갓집 등 전통 가옥 보수를 위해 전국에서 주문이 오고 있다.

경남 의령의 고(故) 이병철 삼성 회장 생가 복원에도 쓰였고, 경기도

미니 가마솥의 품질을 이야기하는 김종훈 주물장(오른쪽)과 김성태 대표

이천 쌀 축제에는 조리 가능한 솥으로는 가장 큰 지름 150센티미터 가마솥을 공급했다.

요즘 연 매출은 6억 원 정도에 불과하지만 최고의 명품을 만드는 데 노력을 다하는 김 주물장은 중국산에 치이고 산업화로 인해 전기밥솥에 자리를 내줬지만 '구수한 밥과 누룽지, 숭늉 맛은 가마솥이 제격'이라며 전통 가업을 잇는다는 자부심만은 잃지 않고 있다.

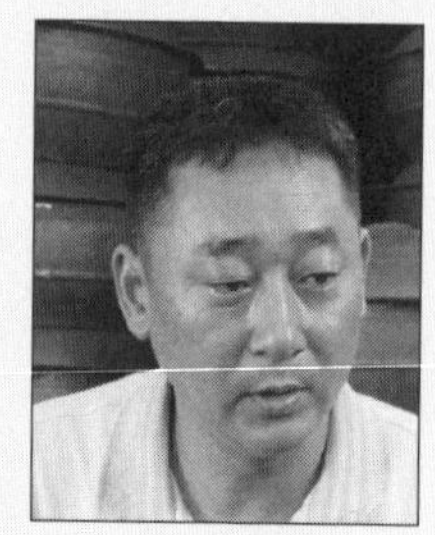

안성주물 4대
김성태

"전통 가마솥 제작 방법을 직접 보고 체험할 수 있는 전수관을 2010년까지 세우겠습니다. 아버지가 우리나라 유일의 가마솥 무형문화재(주물장)인 만큼 가마솥 제작 과정 등을 후세에 알려주는 것이 제 꿈이죠.

현재 4620제곱미터 규모의 부지에 있는 임대 공장을 자가 공장으로 이전하면 공장 2층에 전시관을 함께 만들어 관람객들이 가마솥이 만들어지는 과정을 직접 보고 무쇠인 선철(쇳물 녹이는 작업이 위험하므로) 대신 흙으로 솥을 만들어 볼 수 있는 체험관도 갖출 계획입니다."

4대째 가업을 이어오고 있는 김성태 대표는 현재 임대해서 쓰고 있는 공장을 이전하기 위해 안성 인근 지역의 땅을 물색 중이지만 개발제한, 행정규제 등의 수도권 규제로 마땅한 곳을 찾지 못했다고 한다. 이는 주물 공장이 산업 분류상 1차 금속산업으로 지정돼 있어 안성 지역의 산업단지에는 입주할 수 없기 때문이다.

"4대를 이어오고 있는 우리나라 전통 가업이지만 규제에 묶여 제대로 이전할 수 없다는 현실이 안타깝습니다. 최근 안성시와 협의해 장원산업단지 입주를 다시 추진 중인데, 오는 2010년까지 공장과 전시관을 완공할 계획입니다."

그는 또 가마솥의 변신을 위해 끊임없이 노력하고 있다.

"세계적으로 가마솥을 제조하는 곳은 우리나라밖에 없습니다. 남이 알아주지 않는 가업을 잇기 위해 경제적으로 어려움이 많았지만 〈안성주물〉 가마솥을 현대화하는 등 전통을 계속 이어나가겠습니다."

이에 따라 전통 가마솥의 크기를 줄여 가정에서도 사용할 수 있는 '미니 가마솥'을 만든 데 이어 단조로운 무쇠의 표면에 미적 감각을 가미해 모양이나 글씨를 넣는 등 디자인을 개선해왔다.

김 대표는 가마솥을 제품이라기보다 하나의 작품으로 생각해 마음에 들지 않으면 모두 깨버리기도 한다. 실제로 지난 2007년 추석 때 습도 조절과 쇳물 주입을 잘못하는 바람에 완성된 솥을 모두 깨버려 주문 받은 가마솥을 45일이나 늦게 공급한 적도 있다고 한다. 명품을 고집하는 그의 집념 속에서 〈안성주물〉 가마솥의 명성은 더욱 빛나고 있다.

50여 년 벼루 인생,
장인의 맥을 이어가다

- 1대 김형수
- 2대 김갑용
- 3대 김진한
- 4대 김성수

충청남도 보령시 청라면 의평리에서 100여 년간 가업으로 벼루를 제작하고 있는 〈한진공예사〉 서암(書岩) 김진한 대표(69)는 충남 무형문화재 6호이자 석공예 분야 대한민국 명장으로, 우리나라 대표적 벼루인 남포벼루의 맥을 잇는 장인이다. 남포벼루는 보령 남포 지역의 돌로 만든다고 해서 붙여진 이름으로, 조선 후기 실학자 다산 정약용의 문헌에도 우수성이 기록돼 있다. 이뿐 아니라 보물 547호인 추사 김정희의 벼루 세 개 중 두 개가 남포벼루일 정도로 성가가 높다. 김 대표의 아들 성수 씨(38)도 벼루 제작을 익히고 있어 가업이 4대째 이어질 것으로 보인다.

조선 말기부터 전해 내려온 남포벼루

김진한 대표 집안의 남포벼루 제작은 조선 말기로 거슬러 올라간다. 김 대표의 할아버지 고(故) 김형수 옹은 20세였던 1890년께 충남 서천에서 보령으로 이사 와 터를 잡았다. 어려운 살림살이로 움막에서 생활하면서 맷돌, 벼루 등을 만들어 시장과 서당에 팔아 생계를 이어갔다.

김 대표의 아버지 김갑용 씨(1970년 작고)는 조각 솜씨가 뛰어나 17세 때부터 김형수 옹과 함께 사대부 가문의 주문을 받아 각연을 제작했다. 김갑용 씨는 일제 강점기 때 일본에 잠시 머무르면서 일본인들에게 벼루 제작 기술을 전수하기도 했다. 또, 보령 청라보통국민학교에서 학생들에게 벼루 제작을 가르치기도 했다. 고인은 정식 인간문화재 제도가 도입되기 이전인 1940년대 이미 이 지역에서 남포벼루 인간문화재로 인정받았다.

김 대표는 5형제 중 둘째로, 7세 때부터 아버지 공방에서 벼루 제작을 구경하면서 벼루에 관심을 가졌다. 벼루를 만드는 게 신기하기도 했고 직접 만들어 보고 싶어 아버지가 계시지 않을 때마다 몰래 공방에 들어가 작업 중이던 벼루를 만지다 망가뜨린 경우도 수없이 많았다. 그 당시 부모로부터 '공부나 열심히 하지 벼루가 뭐냐'라는 꾸지람을 들었지만 벼루 만드는 것이 마냥 좋았다. 결국 아버지는 김 대표의 소질을 인정하고 중학생이던 14세 때부터 정식으로 기술을 전수해줬다. 김 대표는 어릴 때부터 아버지와 함께 마을 인근의 백운사 뒷산인 성주산에서 벼루에 쓸 돌을 캐어 날랐으며 이 같은 경험을 통해 어떤 돌이 벼룻돌로 좋은지를 가늠하는 안목을 키웠다.

교황 요한 바오로 2세에게 선물

아버지 밑에서 7세 때부터 배운 벼루 인생이 벌써 60년이 넘은 김 대표는 친구들로부터 '돈도 안 되는 것 만들어서 뭐 하냐'라는 핀잔도 들었지만 벼루 만드는 것을 천직으로 삼은 지 오래다. 김 대표는 아버지로부터 전수받은 전통 조각 솜씨에 스스로 익힌 독창성을 가미해 보다 뛰어난 벼루를 만들고 있다.

좋은 벼루를 만들기 위해서는 무엇보다 단단하고 우수한 돌을 고르는 일이 최우선이다. 그가 만든 벼루가 품질을 인정받는 것은 무엇보다도 남포석 가운데서 최상급인 백운상석(白雲上石, 원석에 흰 구름 무늬가 있고 단단한 돌)만 골라 쓰기 때문이다. 백운상석으로 만든 작품성 있는 벼루는 개당 최소 60만 원에서 500만 원에 이른다.

백운상석은 부드럽고 단단하며 돌결이 윤기와 온기를 갖춰, 먹을 갈면 벼루 바닥에 착 달라붙는 느낌이 들고 먹물이 오래 유지된다. 반면 중석(中石)과 하석(下石)은 돌이 물러 소리가 둔탁하며 먹을 갈면 찌꺼기가 생기고 먹물도 금방 사라진다. 백운상석은 〈한진공예사〉 소유인 성주산 연석광구에서 캔 것이다.

김 대표는 5명의 직원들과 함께 월 평균 60여 개의 벼루를 만들고 있다. 벼루는 모두 주문을 받아 수작업으로 제작된다. 날카로운 끌이나 정으로 작업하기 때문에 마음을 집중

소나무와 학이 조각된 벼루를 든 김진한 대표

하지 않고 조금이라도 방심하면 손 다치기가 일쑤이다. 김 대표의 상처 난 손끝에서 끌이 움직일 때마다 마치 벼루에서 학(鶴)이 꿈틀거리며 날아오를 것처럼 보인다.

〈한진공예사〉는 요즘 학생들이 주로 사용하는 일반 벼루는 거의 만들지 않고 후손에 남기기 위해 벼루 뒷면에 가훈을 쓰는 가보 벼루나 특수 벼루 등을 제작하고 있다. 가보 벼루는 김 대표가 일일이 손으로 조각한다. 지금까지 그가 만든 가보 벼루는 300여 개에 달하고, 이들 제품은 개당 150~200만 원가량 한다.

김 대표의 벼루 명성은 일본에도 알려져 가끔 일본인 관광객들이 버스를 대절해 들르기도 한다. 그리고 용, 봉황, 천지, 지도 모양, 송학월연 등의 문양을 넣은 역대 대통령 선물용 벼루를 박정희 대통령 때부터 노무현 대통령까지 모두 만들었는데, 가격은 개당 500만 원선이다.

1989년 교황 요한 바오로 2세가 한국을 방문했을 때도 천주교 측의 요청으로 지구 형상을 담은 둥근 형태의 벼루를 만들기도 했다. 이러한 작품성 있는 벼루는 제작하는 데 최장 1개월 이상 걸린다고 한다.

최근 벼루 수요가 줄어 매출은 연간 약 1억 원에 불과하지만 전통 가업인 벼루 제작 기법을 잇는다는 자부심을 갖고 벼루를 만들고 있다.

한진공예사 3대

김진한

"남은 인생을 우리나라 전통 벼루를 재현하고 벼루 붐을 일으키는 데 보태고 싶어. 이를 위해 국내 최초의 벼루 박물관을 건립하려고 하는데, 우선 창덕궁에 소장된 '동천연(冬天硯)' 등 300여 점을 재현해 박물관을 개관하고 남은 생애에 나머지 700여 점도 완벽히 만들어 전시하는 게 내 마지막 꿈이야."

김 대표는 요즘 자신의 공방(한국전통연(硯)개발연구원)에서 경복궁, 경주, 부여 등 전국 각지에 흩어져 보관 중인 유서 깊은 전통 벼루를 실물과 같게 만드느라 눈코 뜰 새 없다. 〈한진공예사〉 옆에 건립 중인 벼루 박물관 1층은 학생이나 일반인들이 서예나 벼루 제작을 경험할 수 있는 체험관으로, 2층은 벼루 역사를 한눈에 볼 수 있는 박물관으로 꾸며진다. 김 대표의 사재와 도비 및 시비 등 2억 2,000만 원을 투자해 만드는 벼루 박물관에는 우리나라 각 지역의 박물관 등에 소장되어 있는 전통 벼루를 실물 크기로 만든 1000여 점이 전시될 예정이다. 김 대표가 벼루 박물관을 만들게 된 것은 벼루 산업의 쇠퇴로 전통 벼루 제작 기법마저 명맥이 끊길 위기에 처했기 때문이다.

"1970~80년대만 해도 붓글씨를 쓰는 사람들이 많았는데 요즘에는 이

마저도 급격히 줄어들어 안타깝지. 일본에 가 보니 유치원에서도 서예를 배우고 있던데…. 오래 전에 학생들이 문방구 등에서 사서 쓰는 벼루는 질 나쁜 중석이나 하석으로 만들어졌지. 이를 최상급의 돌인 백운상석으로 제작, 저렴하게 공급하려고 공장 기계화 등 시설을 늘렸는데 서예 수업이 없어지면서 포기할 수밖에 없었어.”

서예 인구가 감소하다 보니 요즘 보령 지역에서 생산되는 벼루는 하루 1톤 정도로, 1980년대 10톤에 비해 10%에 불과하다. 이렇다 보니 당시 100여 명을 넘었던 벼루 제조자들도 지금은 10여 명으로 줄어 간신히 명맥만 이어오고 있는 실정이라고 한다.

김 대표는 1977년부터 30여 년째 충남 홍성교도소 재소자를 대상으로 벼루 제작법을 가르치면서 전통 기법을 전수하고 있다. 1986년 아시안게임과 1988년 서울 올림픽 당시 벼루 부문에서 민예품 공급업체로 지정됐었다. 또, 2000년부터 7년간 정부조달문화상품협회장을 맡아 전통 공예품의 상품화에 앞장서기도 했다.

한 땀 한 땀
양복 손바느질 48년

서울 종로구 창신동 동묘역 인근의 낡은 상가 건물 1층에 자리 잡은 〈3대 손바느질 양복점〉의 규모는 33제곱미터 남짓하다. 주변에 점포가 다닥다닥 붙어 있는 데다 간판도 눈에 잘 띄지 않아 밖에서 보면 누가 찾아올까 싶을 정도이다. 더구나 실내 인테리어도 평범하다. 한마디로 눈길을 끌 만한 점이 딱히 없다. 하지만 이곳은 연간 4000~5000벌의 맞춤 양복을 만드는 우리나라에서 가장 오래되고 제일 큰 손바느질 전문 양복점이다. 하루 평균 40~50명의 고객이 찾고 결혼 성수기에는 양복을 맞추기 위해 1~2시간씩 줄 서 기다릴 정도이다.

공무원도 부럽지 않을 양복장이의 호황기

〈3대 손바느질 양복점〉은 고(故) 황필주 옹(1965년 작고)이 한국전쟁이 끝난 직후 양복점에서 배운 기술로 1961년 고향인 충남 아산에 〈한일양복점〉을 내면서 시작됐다. 힘겹게 양복점을 운영하던 창업주는 4년 만에 간암으로 운명했고 이 바람에 그 밑에서 기술을 배운 셋째 아들 황의설 회장(70)이 양복점을 물려받았다.

'기술을 배우면 밥은 굶지 않으니 눈 딱 감고 배우라'는 아버지의 말에 가위와 바늘을 잡았다는 황 회장은 손가락이 부르터 천으로 칭칭 동여매 가면서 가위질과 바느질을 배웠다고 한다. 그리고 양복점을 넘겨받은 이듬해인 1966년 서울에서 영업해야 돈을 잘 벌 수 있을 것이라는 생각에 무작정 서울로 올라와 현재의 가게 옆에 〈티파니양복점〉을 냈다.

매장 면적 18제곱미터에 직원은 4명뿐이었다. 자금 여력이 없어 유명 양복점이 모여 있던 남대문·소공동 일대에는 둥지를 틀지 못했다. 당시 서울에는 양복점이 700여 개에 달할 정도로 많았다.

"한 벌에 70~100만 원 하는 맞춤 양복은 1980년대 초까지만 해도 전당포에서 잡아 줬지. 기술자 월급은 손님이 주는 팁까지 포함하면 100만 원이 넘어 월급날만 되면 요정이 이들로 붐볐다니까. 당시 양복장이들은 '공무원도 부럽지 않다'라고 말했지. 월급 안 받아도 좋으니 기술만 배우게 해달라며 지방에서까지 찾아오는 사람들이 많았어."

그러나 호황은 오래 가지 않았다. 황 회장은 대기업들이 기성복 시장에 진출했던 1980년대에 살아 남기 위해 맞춤 가격을 낮추고 평생 무료 수선 등의 서비스로 근근이 버텼다. 그러던 중 1995년 초 바뀐 건물주가 건물을 새로 짓겠다며 매장을 비워달라고 하자, 황 회장은 맞춤 양복이 기성복에 밀리는 데다 1억 5,000만 원에 이르는 새 건물 임대 보증금을 마련할 방법이 없어 사업을 접을지 여부를 놓고 몇 날을 고민했다. 이를 안타깝게 지켜보던 장남 황상연 대표(38)는 '양복점을 맡겨 달라'라며 아버지를 설득했다.

처음엔 아들을 양복장이로 만들지 않겠다며 반대하던 황 회장은 생떼까지 부리는 아들을 이기지 못하고 결국 자금을 대출받아 옆 건물(현재 위치)에 가게를 얻어준 뒤 경영을 맡겼다.

국내 최연소 양복점 경영자의 경영 노하우

당시 디자인이 멋들어진 기성복 시장으로 수요가 옮겨가면서 찾아오는 손님이 없어 하루에 양복을 한 벌도 맞추지 못하고 공치는 날이 많았다. 아들한테 짐을 떠맡기고 싶지 않았던 황 회장의 뒤를 이어, 1995년 1월 삼육대 경영학과 2학년이던 황 대표가 국내 최연소(당시 24세)로 양복점 경영자가 됐다.

이듬해엔 상호를 〈3대 손바느질 양복점〉으로 바꿨다. 황 대표는 가업을 승계한 뒤 남다른 경영 수완을 보였다. 양복을 맞출 때마다 소량씩 도매상에서 구입하던 원단 및 원부자재를 본사에서 1년 치를 한꺼번에 사는 방식으로 원가를 40% 떨어뜨렸다. 기술자들을 설득해 공임(품삯)도 40% 낮췄다. 최고급 원단을 사용하면서도 맞춤 가격을 기성복(40~70만 원)보다 싼 28만 원에 내놓아 양복점 업계로부터 이단아 취급을 받기도 했다.

또, 2006년부터 기술자 경력과 사진을 공개해 고객이 원하는 기술자를 골라 양복을 맞추도록 하는 '기술자 선택제'를 업계 처음으로 도입했다. 양복을 맞출 때마다 기술자가 바뀌어 옷 모양이 달라지는 현상을 방지하기 위해서이다.

이 같은 이유로 양복 안주머니와 허리춤에는 양복을 입을 고객 이름

시침질한 양복을 보고 있는
황의설 회장(오른쪽)과 황상연 대표

대신에 기술자 이름을 부착했다. 양복을 맞추기 위해서는 주문, 가봉(시침질), 납품 등의 과정을 거치기 때문에 고객으로서는 최소한 세 번 방문해야 하는 번거로움이 많았지만 고객의 신체 치수와 체형을 데이터베이스화하고 기술자를 지정함으로써 양복점에 올 필요 없이 전화로 양복을 맞출 수 있게 했다.

황 대표는 양복점을 물려받은 뒤 온갖 악조건을 극복해야 했다.

아버지 밑에서 일하던 기술자의 절반은 황 대표의 가업 승계 소식에 '새파랗게 젊은 사장 밑에서는 일할 수 없다'라며 그만두고 떠났다. 그렇다고 원단을 재단하거나 바느질하는 기술을 갖고 있는 것도 아니었다. 더구나 패션에 대한 지식도 없었다. 오히려 황 대표의 어깨에는 가게를 낼 때 생긴 은행 빚이 얹혀 있는 상태였다. 이런 탓에 황 대표는 딴 생각할 겨를이 없었다.

강의가 없는 시간을 이용해 학교 도서관에서 디자인 책을 보며 원단을 재단하고 바느질을 했다. '대학생이 무슨 양복점을 하느냐'라며 미친 놈이라고 놀리는 친구들을 아랑곳하지 않고 밤에는 패션학원에 다니며 양복을 직접 뜯어보고 꿰맸다.

이 같은 열성과 끈질김 덕분에 3년 만에 기술을 배웠다. 명색이 사장이었지만 기술자들한테 욕을 먹어 가며 기술을 익힌 황 대표는 '어린놈이 양복에 대해 뭘 안다고'라며 콧방귀도 뀌지 않았던 기술자들이 3년 뒤 양복장이로 자신을 인정했던 순간을 지금도 잊을 수 없다고 회상했다.

3대 손바느질 양복점 3대

황상연

"기술자 25명은 경력 25년에서 45년의 베테랑들로 손바느질 솜씨가 국내 최고 수준을 자랑합니다. 여행이나 비즈니스로 우리나라를 찾는 외국인 및 해외 교포들도 우리 가게에서 양복을 맞춰 입고 갈 정도죠. 3만 명이 넘는 고객 중에는 이름을 밝힐 수 없는 정·관계, 종교계, 기업계 등의 유명 인사들이 많습니다. 늦어도 2010년부터는 우리 양복점이 직접 디자인한 원단으로 양복을 만들겠습니다."

3대째 가업을 잇고 있는 황 대표는 양복장이가 된 뒤 잇단 파격을 시도했다. 신체 조건에 상관없이 만들던 맞춤 양복의 고정 틀을 깨고 등 굽은 사람, 배 나온 사람 등 고객의 체형에 맞는 디자인을 개발해 적용하는 등 업계의 최신 패션을 선도했다. 또, 깃, 단추, 주머니 모양 등의 디자인을 다양하게 바꾸기도 했다.

마케팅에도 남다른 노력을 기울였다. 양복을 팔기 위해 매일 아침 7시부터 정오까지 아파트 단지를 돌며 맞춤양복 업계에서는 생소한 홍보 전단을 배포했다. 9월부터는 대학 졸업반 강의실을 찾아다니며 손바느질 양복의 우수성을 알렸다. 젊은 고객 유치를 위해 1996년 국내 최초로 양복을 맞추는 예비 신랑에게 양복보다 비싼 결혼예복 턱시도(대여비 50만 원) 40벌을 만들어 무료로 대여해줬다. 이렇게 젊은 층을 공략한 결과 맞춤 양복을 잘 안 입는 20~30대 고객이 전체 고객의 30%를 넘고 있을 정도다. 하지만 황 대표는 오늘날 양복업계의 현실에 우려를 나타냈다.

"맞춤양복 업계에 20~30대 젊은 기술자들이 없다는 점이 안타깝습니다. 유럽 패션 강국보다도 훨씬 우수한 바느질 솜씨 등의 기술을 가지고 있는데 이를 전수할 사람이 없어 수제품을 만드는 맥이 끊어지지 않을까 걱정이 됩니다."

이를 위해 황 대표는 손바느질 양복을 만드는 기술 인력을 양성하는 학원을 만들겠다는 꿈을 갖고 있다.

통일 신라 시대부터
내려온 전통 나침반

한국인에게는 집터와 묏자리를 잘 쓰면 가문이 번성한다는 풍수지리 사상이 남아 있다. 이런 명당자리를 봐 주는 지관들이 갖고 다니는 필수품이 윤도(輪圖), 즉 풍수가를 위한 전통 나침반이다. 중앙의 나침반을 음양·오행·팔괘·십간·십이지를 뜻하는 한자가 최대 24개 층의 동심원을 이루며 바퀴처럼 감싸고 있다. 바깥 동심원일수록 심오한 주역의 의미를 담고 있는데, 지금은 9층 이상의 원리를 이해하는 풍수가의 명맥이 끊겨져 간다고 한다. 전북 고창군 성내면 산림리 낙산마을에는 4대째 윤도를 만들고 있는 김종대 윤도장과 아들 희수 씨가 있다.

어렵게 전수받은 윤도 제작 기술

풍수지리 사상에서는 배산임수(背山臨水)라 하여 뒤로는 산이나 언덕을 등지고 앞으로는 강, 개울, 연못 등이 놓여 있어야 산에서 내려온 지기(地氣)가 잘 보존된다는 것인데, 여기에 주산(主山)과 이를 보좌하는 좌청룡(동쪽), 우백호(서쪽), 앞에 놓인 조그만 안산(案山)까지 조화를 이룬 곳을 천하의 명당이라 부른다.

전북 고창군 성내면 산림리 낙산마을은 정읍에서 고창으로 접어드는 길목의 언덕에 있다. 주위에 논이 넓고 큰물이 나도 침수되지 않아 예로부터 먹을거리는 크게 걱정하지 않았던 곳이다. 낙산마을에서 만든 지남철(指南鐵, 나침반)이어야만 제대로 지오(指午, 정남향을 가리킴)한다는 말이 전해져 내려왔다. 그 이유는 마을에서 남쪽으로 1.5킬로미터가량 떨어진 제성산에 전설의 거북 바위가 있기 때문이라고 마을 사람들은 믿고 있다.

거북 바위의 등에 쇠붙이를 올려놓으면 양 끝이 정남과 정북 방향을 가리킨다고 한다. 이런 영향인지 풍수 사상이 등장했던 통일 신라 시대부터 이 마을에선 윤도를 제작해왔다고 전해진다. 기록에는 약 350년 전 전(全) 씨 가문에서 한(韓) 씨, 서(徐) 씨를 거쳐 현재의 김(金) 씨 집안으로 윤도 제작 기술이 전승돼 왔다.

김종대 씨(75)는 1996년 12월 중요 무형문화재 110호인 윤도장(輪圖

윤도를 조각하고 있는 김종대 윤도장(왼쪽)과 김희수 대표

匠)으로 지정됐다. 자택 옆에 전통 공예물 제조업체이자 윤도 전시관을 겸한 〈윤도장 전수관〉을 세우고 조부인 고(故) 김권삼 옹, 백부인 고 김정의 옹(1978년 작고)의 뒤를 이어 아들 김희수 씨(47)로 4대째 가업을 이어가고 있다.

고창군 성내면의 조선 시대 지명은 흥덕현(興德縣)인데, '안성' 하면 '유기(놋그릇)'를 떠올리듯 당시에는 '흥덕' 하면 '패철(佩鐵, 나침반)'이었다. 흥철(興鐵)이 나침반을 의미할 정도로 이 지역의 윤도 품질은 뛰어났다.

김종대 대표는 1962년부터 백부에게 윤도 제작 기술을 익혔다. 그렇지만 전업 삼아 치밀하게 배운 것은 아니었다. 백부는 마치 비법을 간수하듯 윤도 만드는 기술을 전부 가르치지 않았는데, 건강이 나빠지자 '전통을 어떻게 끊을 수 있느냐. 네가 집안 중에서 가장 소질이 많으니 전수받아라' 하시고는 갑자기 돌아가셨다. 이 때문에 김 대표는 세부적인 기술은 미처 습득하지 못한 채, 1981년 다니던 농협을 그만두고 수년간에 걸쳐 스스로 연구한 끝에 끊길 뻔한 윤도의 맥을 가까스로 이을 수 있었다.

어렵기만한 윤도 제작 과정

윤도 제작 과정은 그야말로 어렵다. 무주, 보은, 단양, 제천 등지에서 200~300년 된 대추나무나 회양목을 가져다 1년간 물에 담가 진을 뺀 다음 또 1년을 그늘에 말려 뒤틀림이 없게 한다. 이어 조각칼로 한자가 들어갈 위치를 구획하는 정간(定間)을 하고 며칠 또는 몇 주에 걸쳐 콩알만한 크기로 한 치의 오탈자가 없도록 한자를 새겨나간다. 글자 배열이 가지런해야 하고 한 글자라도 잘못 새기면 판을 밀고 처음부터 다시 새겨야 한다. 통상 9층까지 파는 데는 열흘가량 걸리고 22층까지는 넉 달이나 소요된다고 한다. 다 새겨지면 먹칠을 하고 음각된 글씨 부분을 백옥 가루로 메워 선명히 드러나게 한다. 현재 주로 쓰는 대추나무는 조각칼이 들어가지 않을 정도로 치밀해 웬만한 충격이나 습기에 끄떡없고 설령 글씨가 흐릿해져도 다시 먹과 백옥을 바르면 되기 때문에 윤도는 깨지지 않는 한 수백 년 간다고 한다.

다행히 집안 대대로 젊어서는 안경 쓴 사람이 없을 정도로 눈이 좋은 편인데, 150와트 스탠드를 세 개나 켜 놓고 글씨를 새기다 보면 덥기도 하고 눈알이 빠져나갈 것 같다. 백부는 한 층 조각하다 지치면 단소를 불며 여유를 찾았다고 한다.

〈윤도장전수관〉의 핵심 노하우는 정교한 바늘 제작 기법에 있다. 강철을 깎아 숯불로 단련한 후 초침처럼 가늘게 두드린다. 300년 넘게 가보로 내려오는 천연자석 위에 세 시간가량 바늘을 올려놓으면 강한 자성(磁性)이 옮겨지고 뾰족한 신주(구리와 주석의 합금) 위에 턱 엎어놓으면 남북을 정확하게 가리킨다.

해방 이전에 윤도장의 윤도는 지관뿐만 아니라 뱃사람도 많이 찾았다. 송광사, 금산사, 선운사 등 유명 사찰의 스님들도 절 자리와 신도들의 집터 풍수를 봐 주기 위해 다들 하나씩 갖고 있었다고 한다. 조부와 백부가 윤도를 만들 때는 삼남(영남 · 호남 · 충청)은 물론이고 이북에서도 홍철을 사 갔는데, 당시에 송아지 한 마리 값을 받을 정도로 고 가였다고 한다. 그러나 지금은 풍수가들이 한 달에 한두 개 주문해오는 9~10층짜리 윤도(100~120만 원 상당)를 만드는 데 그친다.

윤도장 보유자인 김 대표는 월 100만 원, 전수자인 희수 씨는 월 50만 원을 받고 이따금 풍수 시연회, 전통공예 전시회에 참여하고 있으나 큰 돈은 아니다.

김 대표는 물려받은 전답과 농협에 다니던 시절 젖소 60마리를 키우 며 모은 재산으로 별 문제가 없지만 아들은 윤도 제작만으로는 생계를 유지하기 힘든 실정이라고 우려했다.

윤도장전수관 4대

김희수

"재료비를 감안하면 남는 게 별로 없죠. 그나마 2007년에는 문화재청에서 국빈 선물용으로 700만 원어치를 구입해줘 다소 도움이 됐습니다. 청와대나 대기업 등에서 전통 공예품을 외국 손님들에게 선물로 줄 때 도자기나 부채 한복 같은 것도 좋지만 과학성이 담겨 있고 세계 어느 나라에도 없는 윤도를 채택해줬으면 하는 바람입니다."

윤도를 4대째 계승하고 있는 김희수 대표는 3년 전 다니던 건설 회사를 그만둔 뒤 지금은 군포의 자택에 공방을 차려놓고 주문이 오는 대로 윤도를 제작하고 있다. 대학 시절부터 틈틈이 방학이 되면 아버지의 윤도 제작 과정을 지켜보다가 1986년 제대 후 본격적으로 배우기 시작했다. 10년 전 문화재청으로부터 무형문화재 이수자로 지정받아 3년 전 윤도장 전수자로 승격됐다. 달라진 점이 있다면 월 10만 원의 교육비가 50만 원으로 올라간 것이다.

김 대표는 윤도 제작만으로는 먹고 살기 힘들어 중국 충칭(重慶)에 시계점을 냈으나 겨우 현상 유지하는 정도이다. 그래도 윤도 계승을 포기할 수 없다는 의지는 확고하다. 앞으로 보다 색다른 윤도를 만들 생각이다. 큰할아버지인 고(故) 김정의 옹은 평판 형태의 윤도를 위주로 나침반이 달린 부채(선추, 扇錘)와 작은 화장거울이 달린 나침반(면경대, 面鏡臺)을 만들었고 부친은 윤도 뚜껑에 거북 등 십장생을 새겨 넣어 예술성을 높인 것처럼 자신도 전통 민화나 토속 문양을 조각한 새로운 패턴의 윤도를 선보이겠다는 구상이다. 하지만 최근에는 값싼 중국 윤도가 들어와 김 대표의 근심이 깊어가고 있다.

"중국 윤도는 플라스틱이나 무른 나무판에 글자를 인쇄한 뒤 코팅한 것으로, 나침반 바늘이 정남향을 가리키지 못하고 조그만 충격에도 바늘이 떨어질 정도로 조악합니다. 윤도는 수요도 많지 않거니와 공업적으로 제작하면 그 의미가 퇴색하는 만큼 앞으로도 수작업을 고수할 것입니다."

그러나 이런 상황에서도 그는 2004년에 전 지은 〈윤도장전수관〉을 키워 1차 세계대전 당시 독일 잠수함에 장착됐던 나침반, 수백 년 전 뱃사람들이 항해에 사용했던 나침반 등을 전시하는 세계적인 나침반 박물관을 만드는 꿈을 키워나가고 있다.

"틈나는 대로 국내외 여행 중 골동품 가게에서 나침반을 사 모으고 있지만 개당 수만 원, 최고 200만 원이나 되는 걸 구입하는 게 엄두가 나지 않습니다. 추산해보니 10억 원 정도면 박물관을 짓는데 국비 지원이 없어 안타까울 뿐이죠. 다행히 아들(상만)이 가끔 작업실로 찾아와 비상한 관심을 가져줘 5대까지는 이어질 것 같아 안심하고 있습니다."

150년을 이어온
한국 옹기의 산실

〈전통예산옹기〉는 4대에 걸쳐 150년 동안 옹기를 구워왔다. 창업주인 황춘백 옹(사망연도 미상)이 1855년 전국의 흙을 찾아다니는 떠돌이 옹기장이가 된 이후 2대인 황동월 옹(1957년 작고)도 전국을 다니며 가마를 짓고 옹기를 구웠다. 현재 3대 황충길 대표가 가업을 맡고 있다. 황 대표는 1988년 대한민국 명장(옹기)으로 지정됐다.

하늘이 정해놓은 옹기장이

〈전통예산옹기〉 황충길 대표의 조부 황춘백 옹은 충북 영동군 출신으로 천교학(천주교) 신자였는데, 천주교 탄압을 피해 옹기장이가 됐다. 옹기를 굽는 가마 안에 모여 예배를 드릴 수 있고 가마를 따라 주기적으로 거주지를 옮기기 쉽기 때문이었다. 천주교를 믿다가 잡히면 온 가족이 몰살당했던 만큼 당시 옹기장이들의 95% 이상이 천주교 신자였다고 한다. 조부로부터 일을 배운 황충길 대표의 부친 황동월 옹은 1957년 옹기를 굽다 심장마비로 갑작스럽게 세상을 떠났다. 황 대표는 17세의 나이에 옹기를 본격적으로 배우기 시작했다. 비록 5남매 중 막내였지만 형이나 누나들은 군대에 있거나 출가한 상황이었다. 어머님을 모시기 위해 황 대표는 '해본 게 도둑질'이라 옹기 사업에 뛰어들었다.

그는 좋은 흙을 찾아 전국을 떠돌아다녔다. 그러던 중 1975년 지금의 예산군 오가면 오촌리 점촌마을에 가마터를 마련했다. 33제곱미터 남짓한 목조건물 공장에서 하루 3시간씩 밖에 못 자며 일했다. 옹기는 죄인들이 만드는 것이라는 세상의 인식이 싫었던 탓에 집 한 칸만 마련하면 옹기장이 짓을 그만두겠다고 마음먹었지만 뜻대로 되지 않았다. 처음에는 35세까지만 하려고 마음먹고 있었는데 모친이 병에 걸려 수술비가 필요해 더하게 되었고, 45세까지만 하려고 했을 때는 집안에 우환이 생겨 그만둘 수가 없었다. 황 대표는 본인이 세상에서 할 일은 옹기 만드는 일이라고 이미 하늘이 정해놓았던 것이라고 회고했다.

공정은 단순히, 장인 정신은 그대로

황 대표는 1980년대 초까지만 해도 〈백제요업〉이란 회사 이름으로 옹기 사업을 했다. 옹기 가마가 많았던 예산에서 옹기장이들이 사라져가는 현실을 안타까워한 나머지 예산 옹기의 전통을 잇는다는 의미에서 1984년 사명을 〈전통예산옹기〉로 바꿨다.

1996년 11월 그가 개발한 냉장고형 김칫독이 '제1회 농민의 날' 행사에서 '민속공예부문 국무총리상'을 받으면서부터 사업은 상승세를 탔다. 그때서야 황 대표는 옹기 제작이 자신의 천직이라는 것을 깨달았

옹기를 만져보고 있는 황충길 옹기명장(왼쪽)과 진영 씨

다. 수상 이후 신문과 방송을 통해 이름이 알려지자 〈전통예산옹기〉를 찾는 사람들이 점점 늘어났다. 대형 백화점에 고정 부스가 마련됐고, 홈쇼핑과 각종 박람회, 전시회를 통해서 옹기들이 팔려나갔다. 가장 주문이 많았던 1998년, 1999년에는 한 번에 1억 5,000만 원씩 주문이 들어와 연간 15억 원 이상의 매출을 기록했다. 재미 교포들에게까지 소문이 나 워싱턴, 뉴욕에 옹기를 컨테이너에 가득 채워 수출할 정도였다. 현재는 연 12억 원 정도의 매출을 올리고 있다.

지금이야 전통 옹기의 우수성이 잘 알려져 있지만 옹기가 사람들에게 인정받기까지는 오랜 시간이 걸렸다. 1960년대부터 1984년까지는 이른바 '광명단 사건'으로 옹기의 암흑기가 계속됐다. 옹기에 윤기를 내기 위해 바르는 유약인 광명단에서 납 성분이 검출되자 정부에서 옹기장이들을 다 잡아 가두었던 것이다. 김 대표는 3년을 연구해 개발한 전통 잿

물을 천연 유약으로 사용했지만 소비자들의 불신으로 옹기가 전혀 팔리지 않았다. 이 기간 중 전국 470여 군데 있던 옹기 공장이 40여 군데밖에 남지 않게 됐을 정도다. 어려울 때 마을 사람들한테 700만 원 정도를 빌려 썼는데 주변의 빚진 옹기장이들이 다들 도망가 빚쟁이들이 돈 내놓으라고 매일같이 찾아와 피가 바싹바싹 말랐던 황충길 대표는 전 재산을 나눠 가지라고 하고 마을을 떠날 채비를 하고 있었다. 사람들은 죽도록 고생한 자신이 이렇게 마을을 떠나면 너무 억울하다며 3년간 상환을 유예해준 적이 있다.

어려운 상황에서도 황 대표는 새로운 옹기 개발을 멈추지 않았다. 질 좋은 점토를 찾아 전국을 돌아다닌 것은 물론이거니와 5박 6일 동안 가마를 굽고 2일간 식혔던 공정을 한나절 반으로 단축했다. 이처럼 공정을 단순화하면서도 조부 때부터 이어지는 장인 정신만은 그대로 이어갔다. 황 대표는 남들이 보면 멀쩡해보이는 옹기라도 자신의 기준에 조금이라도 흠이 있는 제품은 그 자리에서 모두 박살낸다.

현재 〈전통예산옹기〉는 황 대표의 막내아들인 황진영 과장이 1995년부터 4대째 가업을 이을 준비를 하고 있다. 황 과장은 당초 가업 승계를 반대했던 부친을 '한국 최고의 옹기 전문가가 되겠다'라고 설득한 끝에 옹기장이의 길을 걷게 됐다.

미세한 구멍들을 통해 숨을 쉬면서도 내용물의 열과 특성을 보존하는 옹기를 우리 조상의 최고 발명품이라고 생각하는 황 대표는 자신이 옹기장이라는 데 강한 자부심을 갖고 있다.

전통예산옹기 4대

황진영

"전통 공예는 수없이 많은 시도와 반복을 통해 몸에 배게 되는 것이지 머리로 배우는 것이 아닙니다."

4대째 가업을 잇고 있는 황진영 과장(37)은 1995년 군대를 제대하고 나서부터 지금까지 단 하루도 쉰 적이 없다. 옹기장이의 삶을 이어가겠다고 결심한 지 10년이 넘었지만 손놀림이 황 대표가 인정하는 수준에는 아직 이르지 못한 탓이다. 황 대표는 옹기 냄새도 물려주기 싫다는 이유로 자식들을 대전의 초등학교로 보냈지만 황 과장은 건강 문제로 1년 만에 혼자 예산으로 돌아와 이곳에서 자랐다.

이 때문에 그는 어릴 때부터 황토를 갖고 놀며 흙과 같이 컸다. 그만큼 애정도 깊어졌다. 황 과장은 옹기만 알아서는 옹기를 더 이상 발전시킬 수 없다고 판단해 혜전대학에서 도예를 전공했다. 그는 입사하자마자 트럭에 옹기들을 싣고 무작정 아파트 단지로 나가 소비자들과 부딪히는 일부터 시작했다. 이 과정에서 그는 소비자들이 어떤 크기와 모양의 옹기를 좋아하고 어떤 점은 개선해야 하는지를 면밀히 파악했다. 대학에서 익혔던 백자 및 청자 제작 기술을 바탕으로 옹기의 장점을 과학적으로 분석하고 쓰기 편리하게 만드는 작업을 주도하고 있다. 특히 접시 등의 식기에 옹기를 응용해 쓰임새를 다양화하는데 관심이 크다.

"옹기는 다공질이기 때문에 보온·보냉 효과가 확실하다는 장점이 있습니다. 이 같은 특성이 차갑거나 뜨거워야 제 맛을 내는 한국 음식과 잘 어울리지요."

더구나 차가운 이미지를 주는 백자와 달리 옹기는 따뜻하고 부드러운 이미지를 갖고 있어 더욱 제격이다. 황 과장은 옹기에 분청사기처럼 그림을 그려 넣는 새로운 개념의 옹기를 만드는 작업도 추진 중이다. 이를 위해 옹기에 대한 입도(粒度, 광물 입자의 크기) 분석 등의 실험을 진행하고 있는데, 막연히 '미세한 구멍이 있기 때문에 옹기가 숨을 쉰다'고 주장하기보다는 좀 더 과학적인 설명으로 옹기의 우수성을 널리 알리기 위해서이다.

"자꾸 변해야 전통이지 옛날 것을 그대로 하면 답습에 지나지 않습니다. 고된 육체노동에 비해 금전적 보상은 적지만 다른 사람들이 우리 옹기를 좋아하는 것을 보면 그동안 힘들었던 것이 눈 녹듯이 사라집니다. 옹기가 사회적으로 꼭 필요한 것이라는 것을 사람들에게 알리기 위해 최선을 다하겠습니다."

낙원떡집

청와대 60년 단골인
전통의 깊은 손맛

남주북병(南酒北餅). 예로부터 청계천을 경계로 세도가들이 모여 살던 삼청동 일대 북촌마을 등 서울의 북쪽은 음식 사치가 대단했던 탓에 떡을, 별반 권력이 없던 문·무반들이 주로 살았던 남산골 부근 등 남쪽은 불쾌한 일을 잊으려는 취객들이 많다는 이유로 자연스레 술을 으뜸으로 쳤다. 북촌마을과 가까운 낙원상가 일대에는 이 같은 전통이 남아 있어 떡집 10여 곳이 아직도 명맥을 잇고 있는데, 그중에서도 우리나라에서 가장 오래된 떡집이 바로 〈낙원떡집〉이다. 90년의 역사를 자랑하는 이 떡집은 1대 고이뻐 씨(작고)의 뒤를 이어 셋째 딸 김인동씨(86)가 물려받은 뒤 김인동 씨의 맏딸 이광순 대표(66)가 3대째 운영하고 있다. 4대는 이광순 대표의 장남 김승모 실장(39)이 이을 예정이다.

궁중 떡의 비결을 전수받은 맛

〈낙원떡집〉의 시작은 일제 강점기였던 1919년으로 거슬러 올라간다. 이광순 대표의 외할머니인 고이뻐 씨가 요즘으로 치면 창업주인 셈인데, 당시에도 이 일대는 떡집 골목으로 유명했다고 한다. 한일합방 이후 창덕궁에 있던 궁인(宮人)들이 호구지책으로 이곳에 터를 잡고 궁중 떡을 빚어 팔면서 떡집 거리가 형성된 것으로 전해진다. 근처 원서동에 상궁들이 모여 사는 동네가 있었는데, 이광순 대표의 외할머니인 고이뻐 씨도 그중 한 분을 알게 돼 궁중 떡을 만드는 법을 전수받았다고 한다. 해방을 맞은 이후 김인동 씨가 떡집을 물려받았으나 곧 6·25 전쟁이 터졌다. 김 씨는 충남까지 내려간 피난길에서도 틈틈이 떡을 만들어 팔며 가족의 생계를 꾸렸다. 휴전 이후 다시 낙원동에 올라 온 김 씨는 별다른 이름도 없던 점포에 〈낙원떡집〉이라는 상호를 붙이면서 본격적인 떡집 경영에 나섰다.

궁중 떡의 비결을 전수받은 까닭이었는지 맛으로 유명세를 타면서 이승만 대통령을 비롯해 박정희, 전두환, 노태우, 김영삼, 김대중, 노무현 대통령으로 이어지는 60여 년간 청와대에서 주문하는 떡은 대부분 〈낙원떡집〉에서 도맡았다. 특히 전두환, 노태우 대통령 재임 시절 추석 명절이면 으레 청와대에서 달동네였던 봉천동 등의 저소득층에 떡을 돌리기 위해 1.5톤 트럭 5~6대 분의 떡을 주문해 며칠 동안 밤샘 작업을 하기 일쑤였다. 하지만 청와대에서 주문하는 떡이라고 특별히 다르게 만든 적은 없었다. 청와대 직원이 와도 가판대에 놓인 떡이나 썰고 있는 떡을 내놓을 정도로 품질에는 항상 자신이 있었다고 한다.

이명박 대통령 부인 김윤옥 여사도 이곳을 가끔 들르는 고객이다. 청와대뿐 아니라 정·관계나 재계에도 단골이 많다. 김종필 전 국무총리도 그중 한 명이다. 송해, 황정순 등 원로 연예인들도 〈낙원떡집〉을 찾는다. 2007년 작고한 변중석 여사(고 정주영 현대그룹 명예회장 부인)는 사찰에 불공을 드리러 갈 때면 여기에서 떡을 챙겨 갔다.

떡을 어머니 이광순 대표(오른쪽)에게 권하고 있는 승모 씨

여의도 LG 쌍둥이빌딩 기공식 때도 이곳에서 만든 고사떡이 쓰였다. 최근에는 건설업체에서도 〈낙원떡집〉을 자주 찾는다고 한다. 〈삼성건설〉이나 〈SK건설〉등의 경우 재개발·재건축 시공 사업을 따내기 위해 이곳에서 떡을 사간다. 수주전을 앞두고 노인들에게 돌린다면서 떡을 주문해 가곤 하는데 〈낙원떡집〉 떡을 사 가면 꼭 붙는다고 이광순 대표가 귀띔했다.

내 가족이 먹는 것처럼 만드는 떡

김인동 씨가 미국으로 이민을 가면서 1980년부터는 이광순 대표가 29년째 〈낙원떡집〉의 가업을 잇고 있다. 1980년대만 해도 일일이 손으로 만들었기 때문에 매일 새벽 4시에 일어나 밤 12시 넘어서까지 일을 했다. 집에 갈 때면 졸면서 걸어갈 정도로 힘든 시절을 보냈다고 한다. 이광순 대표의 남편 김정귀 씨는 아이들 돌볼 틈도 없었지만 삼 남매가 모두 좋은 대학(서울대, 이화여대, 일본 청산대)을 나와 떡 장사를 하면서 자식 교육 잘 시켰다고 이광순 대표를 '한석봉 엄마'라고 부른다.

고된 노동을 하면서도 이 대표는 어머니가 그랬듯 품질만큼은 철두철미하게 관리했다. 지금도 재료를 아끼지 않는다. 반드시 국산 쌀과 참기름을 쓴다. '식구들이 먹는 것처럼 만들어야 떡 맛이 변치 않는다'라는 것이 이 대표의 고집이다.

백화점 등 유통업체의 납품 제의도 거절했다. 매출액의 28%에 이르는 매장 수수료를 내고 나면 품질을 유지할 자신이 없어서이다. 이런 이 대표도 실수를 한 적이 있었다. 칠순 잔치에 그만 돌잔치용 떡을 보낸 것이다. 가족들이 노발대발했지만, 칠순 노인이 앞으로 더 살라는 뜻이라며 좋아하는 바람에 위기를 모면했다.

〈낙원떡집〉에서 만드는 떡의 종류는 대략 40~50여 가지인데, 요즘 가장 인기 있는 떡은 아이들 주먹만한 크기의 쑥 인절미이다. 제주도 한라산에서 자라는 쑥을 넣어 만든다.

100년 가까이 전통을 이어온 〈낙원떡집〉은 요즘 고민이 많다. 패스트푸드 음식에 길들여진 사람들이 많아지면서 떡을 찾는 소비층도 줄어들고 있기 때문이다. 4대를 준비 중인 김승모 실장은 '전통을 계승하면서 떡의 상품성과 경쟁력을 회복시키는 일이 앞으로 해결해야 할 과제'라고 강조했다.

낙원떡집 4대

김승모

"〈낙원떡집〉이라는 이름을 쓰고 있는 떡집이 수도권에만 400여 곳이 넘습니다. 우리나라 떡집의 대명사처럼 굳어진 것이지요. 이 같은 브랜드 가치를 어떻게 계승, 발전시키는 것이 효과적일까를 놓고 고민이 많습니다."

4대째 경영 승계를 준비 중인 김승모 실장은 향후 브랜드 경영을 강화하는 데 주력하겠다는 각오를 다지고 있다. 1996년 서울대 사범대를 졸업한 김 실장은 5~6년 전부터 어머니를 도우면서 본격적으로 가업을 이을 준비를 하고 있다.

김 실장이 가장 먼저 착수한 일은 〈낙원떡집〉의 로고를 만들고 쇼핑백 등 포장용 봉투를 제작한 것이다. 그때만 해도 검정 비닐봉투에 떡을 담아 팔았다. 〈낙원떡집〉의 홈페이지(www.nakwonfood.co.kr)도 이 무렵에 만들었다. 인사동에 분점을 낸 것도 김 실장의 아이디어이다.

인사동 〈낙원떡집〉에서는 젊은 소비층이나 외국인들이 먹기 편하도록 테이크아웃 형태로 떡을 포장해 판매하고 있다.

대부분의 가업 승계자가 그렇듯 김 실장 역시 〈낙원떡집〉을 이을 생각이 없었다. 어려서부터 보아왔던 떡집 운영은 말 그대로 중노동에 가까웠기 때문이다. 떡을 만드는 과정이 떠올라 가까운 지인들에게조차 함부로 떡을 나눠주지 않을 정도다.

무용과 미술을 각각 전공한 누나와 여동생도 이를 감당할 자신이 없어 일찌감치 가업 승계를 포기했다. 하지만 아이러니컬하게도 김 실장이 결국 가업을 이으려고 결심한 것도 부모님이 피땀 흘려 투자한 세월이 아까워서였다.

떡이라는 음식이 맛이나 품질 면에서 충분히 경쟁력이 있는데도 외식 브랜드처럼 성장하지 못하고 기나긴 세월 동안 제자리걸음을 걷고 있는 현실이 안타까웠던 것이다. 떡 소비층이 줄면서 가업이 사양길에 접어들고 있는 듯한 위기감도 가업 승계를 결심하게 된 이유이다.

"어머니는 전통을 잇는다는 생각에 앞서 자식들 먹여 살리기 위한 생존 본능으로 가업을 유지해왔지만 이제는 열심히 일하는 것만으로는 부족한 시대가 됐습니다. 떡의 상품가치를 끌어올리기 위한 효과적인 브랜드 경영 방안을 다각도로 모색하고 있습니다."

최근 한 대형 식품업체가 떡 판매에 뛰어든 것과 관련해 김 실장은 쓴소리를 했다.

"일부 대기업들은 큰 시장에 도전하지 못하고 손쉽게 진출할 수 있는 중소업체들의 영역만 넘보는 것 같아 씁쓸하죠."

61년 농익은 장맛
3대에 이어지는 장도가

- 1대 송희백
- 2대 송인섭
- 3대 송상문

14년 전 창업주 고(故) 송희백 회장(1999년 타계)과 아들(68, 송인섭 회장)이 대를 이어가며 장맛을 지켜가는 모습으로 TV에 등장한 〈진미식품〉 '참그루' 고추장 광고는 광고업계에서 소비자에게 신뢰를 주는 광고 유형을 꼽을 때 아직까지도 자주 인용된다. 특히 고 송 회장이 중절모를 쓰고 고추장을 손가락으로 찍어 맛을 보는 모습은 장인의 이미지 그대로다. 최근 이 회사 제품에서 볼 수 있는 '장맛 3대'라는 로고가 인상적이다. 강산이 여섯 번이나 바뀔 동안 한 우물을 파며 이름을 알려온 〈진미식품〉은 송인섭 회장의 장남 상문 씨가 2007년부터 대표를 맡으며, 긴 세월 쌓아온 노하우와 젊은 사장의 아이디어를 바탕으로 새로운 도약을 준비하고 있다.

〈진미〉만의 획기적인 마케팅

〈진미식품〉은 해방 후 혼란기에 설립됐다. 당시 대부분의 국민들은 생활이 궁핍한 데다 이동도 잦아 장을 담글 여력이 없었다. 1930년대 후반부터 간장을 만드는 일본인 회사 〈부사충장류〉에서 장 담그는 기술을 익혔던 창업주 송희백 회장은 이에 착안, 1948년 일본인 사장이 남기고 간 적산가옥에 〈진미식품〉의 전신인 〈대창장류사〉를 세워 장류를 생산해 팔기 시작했다.

사업이 어느 정도 자리를 잡아가던 1950년 갑자기 한국전쟁이 터졌다. 전쟁 통에 집을 떠난 피난민이나 포탄을 맞아 장독이 부서져버린 주민들이 너도나도 '송 사장 네 장도가'를 찾았다.

가게 바깥에 간장을 담아가기 위해 빈 정종병 하나씩 품에 안은 사람들이 언제나 100미터 이상 줄을 서 있었을 정도로 호황을 누렸다. 수요가 폭증하는 시장 상황을 타고 회사는 쑥쑥 커갔다. 특히 창업주 송 회장이 일찌감치 브랜드의 중요성을 알고 다양한 마케팅 기법을 활용한 것이 적중했다.

시장을 보는 감각이 굉장히 뛰어났던 창업주 송 회장은 창업 2년 뒤인 1950년 대전일보에 업계 처음으로 〈진미〉 브랜드를 알리는 광고를 내기 시작했고, 1959년에는 병뚜껑 안쪽에 경품번호를 써넣는 사은행사도 개최했다. 1등 상품으로 미싱을 줬는데 경찰 입회 아래 군중을 모아놓고 추첨했다고 한다. 지금이야 흔하디흔한 방법이지만 당시엔 듣도 보도 못한 획기적인 마케팅이었다.

〈진미식품〉의 최전성기는 1980년대 후반이었다. '진미간장', '진미고향고추장', '진미일품콩된장' 등 〈진미〉가 붙은 제품 대부분이 시장점유율 1위를 기록했다.

배합 비율과 숙성 시간 등에 대한 미묘한 노하우가 쌓여 맛이 좋은 데다 된장을 만들 때 쌀이나 보리를 섞지 않고 콩 100%로 만드는 등 품질을 중시한다는 점이 소비자들에게 먹혀들었다. 최대 매출액이 연간 400억 원을 넘었을 정도였다. 당시 경쟁업체는 〈샘표식품〉과 〈삼원식품〉 등이었다.

승승장구하던 회사는 1990년대 후반부터 급작스런 하향곡선을 그리기 시작했다. 시판되는 고추장에 불량 고춧가루를 사용했다는 방송 보도(1996)가 1차 원인이었다. 법적으로 문제되는 부분이나 품질 이상은 전혀 없었으며, 고추장용 고춧가루와 일반 음식용 고춧가루를 동일 선상에 놓고 비교한 보도였지만 소비자들의 마음을 돌리기는 쉽지 않았다고 한다.

악재는 계속됐다. 이듬해 외환위기의 한파가 몰아닥쳤다. 더구나 1990년대 후반부터는 〈대상(청정원)〉, 〈CJ(해찬들)〉 등 유명 대형 식품 회사들과 경쟁을 시작해야 했다. 유통업계도 대형 할인매장 위주로 재편되면서 중소기업 제품 '참그루'는 입점 가격, 매장 진열 등에서 차별을 받기 시작했다.

2013년까지 1,000억 원 매출 목표

〈진미식품〉이 회생하는 계기를 마련한 사람은 3대 송상문 대표이다. 그는 입사 후 10년간 회사의 체질을 현대식으로 뜯어고치는 일을 도맡았다.

온라인 쇼핑몰(www.ebitto.com)을 만들고 전자관리 시스템을 도입하는 한편 벤처기업, 이노비즈 인증을 받았다. 또, 기술 개발에만 전념하던 연구개발(R&D) 팀에 시장수요 조사기능을 부여해 새로운 수요를 발견하는 즉시 제품 개발에 착수하도록 했다.

고추장과 발효콩과자 '나또볼'을 들고 있는 송인섭 회장(오른쪽)과 송상문 대표

이 시스템을 통해 출시된 100% 국산 '오곡찹쌀고추장' 및 100% 국산 콩메주로 담근 '오덕청국된장' 등은 웰빙 바람을 타고 시장에서 큰 호응을 받았다. 이 결과 2005년까지 10년간 적자를 면치 못했던 〈진미식품〉은 2006년부터 흑자로 전환할 수 있었다. 7년간 200억 원대에 머물러 있던 매출액도 2004년 이후 300억 원을 넘어섰다.

송 대표의 야심작은 2007년 사장 취임 이후 시작한 '웰콩 시리즈' 사업이다. 장류 사업과 별도로 장을 만드는 주원료인 콩의 건강한 이미지를 살려 현대인의 입맛에 맞는 간식 제품군을 선보이겠다는 것으로, 2007년 7월 출시한 발효콩과자 '나또볼'이 대표적이다.

국산콩과 우리밀, 올리브유로 만든 이 과자는 기존 청국장환 등과 전혀 다른 식감으로 매달 2억 원가량의 매출을 올리고 있다.

진미식품 3대

송상문

"운명이었을까요? 처음에는 가업을 이을 생각이 없었는데, 어느 순간 회사가 부르더군요."

〈진미식품〉이 가업을 3대째 잇는 과정은 그리 순탄치 않았다. 사업을 물려주고 싶은 부모의 마음과 새로운 생활을 꿈꾸는 자식의 마음이 서로 달라서였다. 창업주 송희백 회장은 장남인 송인섭 회장에게 '장을 만드는 일은 크게 돈 버는 일은 아니지만, 투기만 하지 않는다면 대를 이어가면서 밥을 먹고살 수 있는 사업'이라고 여러 차례 강조했다.

아들에게 장류제조업을 넘겨주고 싶은 뜻을 분명히 나타낸 것이다. 하지만 송 회장은 성균관대 약학과로 진학했다.

"장 만드는 일이 내키지 않았습니다. 냄새가 나는 데다 힘들지 않습니까. 멋져 보이는 제약회사 세일즈맨이 되려고 했죠."

대학을 졸업하고 ROTC 1기로 입대한 그는 전역하기 6개월 전인 1965년 3월 휴가를 나왔다가 우연히 신문에서 〈대창장류사(진미식품의 옛 이름)〉 공장이 화재로 전소됐다'라는 기사를 보고 깜짝 놀랐다. 한달음에 달려간 공장 터에는 아버지가 넋 나간 듯한 모습으로 서 있었다. 송 회장은 전역한 뒤 공장을 되살리는 일을 돕기 시작했다.

"한 번은 약사가 된 대학 동기가 헤프게 돈 쓰는 모습을 보고 아버지에게 '나도 저렇게 살고 싶었다'라며 투정을 부린 적이 있었습니다. 아버지께서 '지금 보기에는 그 애들이 부럽겠지만 사내대장부라면 모름지기 자기 기업을 하는 법'이라고 타이르셨죠."

송 회장의 뒤를 이은 3대 송상문 대표도 비슷한 방식으로 회사에 들어왔다. 중앙대에서 경영학을 전공한 송 대표는 1997년 스물여섯 살 나이에 갑작스레 회사로 불려 들어왔다. 고춧가루 파동에 외환위기까지 닥쳐 회사 경영이 어려워지자 송 회장의 건강이 급속도로 나빠졌기 때문이다. 해외에서 경영학석사(MBA)를 따기 위해 만반의 준비를 마쳐놓은 상태였지만 꿈을 미뤄야 했다.

송 대표는 때가 되면 회사를 이어받아야겠다는 생각은 가끔 했지만 당시에는 미처 마음의 준비가 안 된 상태였기 때문에 가능한 한 빨리 회사 일을 익히려고 모든 부서에서 사원 자격으로 돌아가며 근무했다. 송 대표는 2005년 전무이사로 승진했으며 2007년 2월부터 일선에서 물러난 송 회장을 대신해 대표이사를 맡고 있다.

주변의 평가에 따르면 송 회장과 송 대표의 사업 스타일이 다르다고 한다. 송 회장은 매사에 신중한 편이다. 선친이 일군 사업을 오랫동안 지켜내느라 그런 태도가 몸에 뱄다. 대전상공회의소 회장을 맡고 있으며 지인들과의 술자리를 즐긴다.

반면 진취적이고 개방적인 스타일의 송 대표는 거침없이 새로운 일을 시작하기 좋아한다. 직원들과도 친구처럼 허물없이 지내지만 술은 거의 하지 않는다. 송 대표는 아버지와 사업 이야기를 하면 견해차가 많은 편이어서 죠기에는 충돌도 있었지만 지금은 그 의견이 얼마나 도움이 되는지 잘 알고 있다. 송 대표는 가장 든든한 지원군으로 아버지를 꼽는다.

"대기업과 싸우는 것을 피할 수 없다면 장류에서는 발효의 참맛을 담은 아주 고급스러운 프리미엄 제품을, 간식류에서는 맛있고 건강에 좋으면서 남들이 따라할 수 없는 노하우가 담긴 제품을 내놓아야 합니다. 2013년까지 웰콩 시리즈와 장류 제품 각각의 영역에서 500억 원씩의 매출을 올려 〈진미식품〉에 제2의 전성기를 열겠습니다."

Chapter 5

해외에서 더 유명한 장인기업

금성다이아몬드

아동산업

피스코리아

리스템

한창기업

엄태창 기타

유성물산교역

대륙제관

다이아몬드보다 빛나는 유리 절단기의 지존

1대 강갑길
2대 강길박
3대 강재호

인천 남동구 고잔동에 본사를 두고 있는 〈금성다이아몬드〉는 국내 유리 절단기와 유리용 진공흡착기 시장에서 매출 1위를 기록하며 독보적인 지위를 점하고 있다. 여기에 독일, 일본을 비롯해 전 세계 40개국에도 유리 절단용 칼과 흡착기를 수출하는 등 기술력을 인정받고 있다. 특히 유리 절단기의 세계 시장 점유율은 약 30%로 당당 1위다. 얼핏 들으면 보석상 이름으로 착각할 만한 〈금성다이아몬드〉라는 회사명은 유리 절단기의 끝에 붙는 핵심 부품인 다이아몬드에서 착안해 지어졌다. 창업주 고(故) 강갑길 회장과 강길박 대표의 바통을 이어받아 강재호 전무가 실전 경영에 나서고 있다.

국산 제품에 대한 편견 불식시켜

창업주 고 강갑길 회장(1913년생, 1981년 작고)은 일제 시대 일본의 유명한 유리공구 회사인 〈미쓰코시(三越) 다이아몬드〉에서 기술을 익혀 당대 최고의 기술자로 이름을 날렸다. 20대 중반에는 오사카에서 〈오사카다이아몬드〉라는 유리 가공업체를 만들어 큰돈을 벌기도 했다. 하지만 귀국 후 6·25전쟁 등을 겪으며 전 재산을 잃었다. 강 회장은 몇 차

레 재기를 노렸으나 1950~60년대만 해도 유리 가공 용구에 대한 수요
가 없어 뜻을 제대로 이루지 못했다. 어려운 집안 형편을 돕기 위해 강
길박 대표는 행상뿐만 아니라 월남전에 참전해 월급 한 푼 안 쓰고 집
으로 송금하기도 했다.

강 대표는 1968년 제대 후 아버지를 설득해 가내 수공업 형태의 유
리 가공업체를 세웠다. 아버지는 집에서 물건을 만들고 아들은 자전거
를 타고 영업을 다녔다. 아버지가 손수 만든 만큼 품질에는 자신이 있
었다. 문제는 국산에 대한 안 좋은 인식이었다.

그러던 어느 날 기회가 찾아왔다. 당시 국내에서 가장 큰 유리 유통
업체였던 〈한국유리〉의 국내 총판 대리점 사장이 〈금성다이아몬드〉의
유리 절단용 칼을 판촉용품으로 주문했던 것이다. 하지만 국산에 대한
편견을 우려한 〈한국유리〉 대리점 사장은 판촉물을 써본 사람들에게
〈금성다이아몬드〉제품을 독일제라고 말해버렸다고 한다. 이 같은 해프
닝은 〈금성다이아몬드〉의 제품이 독일제로 보일 만큼 품질이 뛰어났던
것을 반증하는 것이었다. 그때부터 없어서 못 팔 정도로 사업이 번창하
였지만 강 대표는 이보다 국산 제품에 대한 인식이 달라지는 계기가 된
것이 더 기뻤다고 한다.

새로운 제품 개발과 공장 기계화에 앞장서

강 대표는 유리 절단기 영업차 해외를 다니다가 1980년대 초 독일에
서 우연히 유리용 진공흡착기와 마주치게 됐다. 당시 국내에서 쓰이던

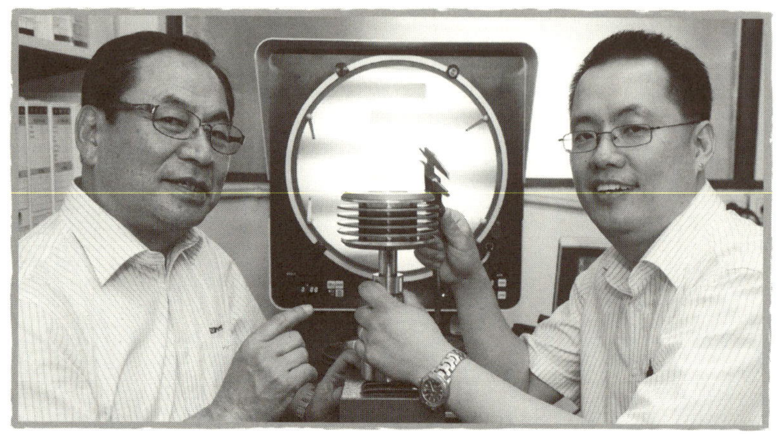

생산된 제품을 들고 있는 강길박 대표(왼쪽)와 재호 씨

유리용 흡착기는 전량 수입에 의존하고 있었다. 강 대표는 이후 독일 업체와 기술제휴를 맺고 유리 흡착기 개발에 매달렸다.

처음에는 '유리 절단기 생산도 벅찬데 왜 다른 일을 하느냐'라는 주변의 반대에 부딪혔다. 하지만 강 대표는 제품 국산화를 위해 밀어붙였고, 몇 달간 밤낮으로 매달려 우여곡절 끝에 제품을 개발했다. 그러나 초기 제품은 흡착용 고무가 눌어붙는 하자가 발생해 300군데가 넘는 곳을 다니며 일일이 수리해준 적도 있다고 한다.

강 대표는 1981년 강 회장이 작고한 후 대표로 취임했다. 이후 강 대표가 새로운 제품 개발과 더불어 가장 서두른 일은 이전까지 주로 수작업을 통해 생산했던 공장의 기계화였다. 별도의 기계 개발 부서를 신설해 생산 기계를 개발하고 생산 능률을 높이는 데 주력했다. 지금도 〈금성다이아몬드〉에서 쓰는 기계는 대부분 회사가 자체 개발한 것이다. 연간 약 100억 원의 매출을 올리는 기업이 됐지만 회사가 커나가는 과정에서 어려움도 많았다. 경쟁업체에서 〈금성다이아몬드〉가 다이아몬드를 밀수한다고 제보해 경찰이 덮쳤는데 모래알 같은 원료용 다이아몬드만 보고 돌아갔던 일도 있었고, 공장을 지어놨던 인천 간석동 일대가 주거 지역으로 형질이 변경돼 쫓겨나듯 인천 고잔동으로 이사 한 적도 있었다.

현재 〈금성다이아몬드〉에서는 작은 다이아몬드를 붙여 유리를 자르는 유리 절단기, 금속 가루에 다이아몬드 가루를 섞어 가공한 유리 연마기, 대형 유리를 진공으로 흡착해 건물이나 자동차에 유리를 조립할 때 쓰는 유리용 진공흡착기를 포함해 200여 가지 제품을 생산하고 있으며, 국내 생산 및 건설 현장에선 대부분 〈금성다이아몬드〉의 유리 흡착기를 사용 중이다.

회사에는 강 대표의 아들인 강재호 씨가 전무로 근무하고 있다. 강 대표는 추진력 있는 좋은 후계자를 둬 든든하다며 아들을 치켜세웠다.

금성다이아몬드 3대

강재호

"아들이 회사 망쳤다는 말 들을까 봐 지금도 공장에서 물건도 만들고 바닥부터 다 훑고 있습니다."

강재호 전무(36)는 외환위기 시절인 1998년 회사에 입사한 뒤 현재 해외 영업과 생산 관리 등 회사의 실질적인 경영에 나서고 있다. 특히 생산 비용을 줄이고 수출 거래처를 늘리는 등 공격적인 경영으로 회사의 혁신을 이끌고 있다. 회사를 물려받겠다는 의사가 없었던 강 전무는 취업이 잘 안되던 시기였기에 전역 후 아버지인 강길박 대표에게 갑자기 입사 의사를 밝혔다.

처음에 그는 아들에게 별 기대를 걸지 않았다. 그러나 강 전무는 입사 후 강 대표의 예상과는 달리 사무실에 골판지를 깔아놓고 먹고 자면서 일할 정도로 열정적인 모습을 보였다. 일만 열심히 하는 것이 아니라 약 2년간 제일 먼저 출근해 사무실과 화장실을 청소할 정도로 겸손한 모습을 보이기도 했다.

강 전무는 2003년부터 경영 일선에 나서면서 본격적으로 생산비용 절감을 시도하였다. 외환위기로 높아진 환율 덕에 수출이 잘되다가 2003년부터 환율이 하락하면서 수익성이 많이 떨어졌기 때문이었다.

"직원들을 독려해 2003년도에만 전년 대비 23%가 넘는 비용 절감에 성공했습니다. 지금이야 웃으며 말하지만 당시에는 직원들이 저만 보면 이를 갈 정도였죠."

안정적인 수익 모델을 위해 수출도 큰 폭으로 늘렸다. 이를 위해 강 전무가 택한 전략은 가격 인하가 아닌 품질 향상이었다.

"좋은 물건은 비싸도 산다는 신념이 있어 더 좋은 기술과 제품을 개발하기 위해 노력했습니다."

실제 강 전무가 회사에 들어와서 개발한 기술은 건전지를 사용해 이동성을 높인 유리용 진공흡착기 등 15개에 이른다. 이 같은 노력으로 회사는 매년 50% 이상 수출이 늘었다. 2004년 230만 달러어치였던 수출 물량이 2006년에는 450만 달러어치에 이르는 성과를 거두기도 했다. 강 전무는 회사의 혁신과 기술 개발에 노력하고 있지만 강 대표가 추구해왔던 두 가지 경영 이념은 반드시 이어갈 생각이다.

우선 직원들에게는 평생 일할 수 있는 회사를 만들어 준다는 것이다. 실제로 회사에는 70세 넘은 직원이 근무하는 등 직원이 퇴직을 원할 때까지 근무할 수 있는 종신 고용제를 적용하고 있다. 두 번째는 소비자가 원하는 제품이라면 무엇이든 만든다는 생각이다.

"무엇을 더 만들고 무엇을 버려야 할지는 소비자가 항상 답을 줍니다. 소비자가 항상 옳다는 마음으로 제품과 기술을 개발해 나가겠습니다."

스위스 시계와 싸우는
믿음직한 토종 시계

● 1대 김창규

● 2대 김종수

국내 시계 회사 중에서 최초로 해외에 시계를 내다 팔았으며, 현재 패션시계 '포체(FOCE)'로 유명세를 타고 있는 〈아동산업〉은 미국과 중국을 포함해 전 세계 19개국에 수출 중이며 연간 매출은 약 270억 원에 이르는 중견기업이다. 기계과 출신의 창업주 김창규 회장의 기술력과 무역을 전공한 2대 김종수 대표의 영업력을 결합해 국산 시계의 명품화와 사업 다각화를 꾀하고 있다.

일찍이 해외 시장에 눈 돌려

〈아동산업〉의 창업주 김창규 회장(1993년 작고)은 1·4후퇴 때 남한으로 내려와 미군 부대에 군속으로 근무했다. 이때 알게 된 홍콩 상인을 통해 손목시계 판매에 관심을 갖게 됐다. 평양공대 기계과 출신인 김 회장은 시계 장사가 돈이 될 것을 직감했다.

1953년 국내 기술로는 시계를 만들 수 없었기에 서울 회현동에서 10여 명의 직원을 데리고 〈아동산업〉을 설립한 뒤 시계를 수입해 팔았다. 시계가 부의 상징으로 인식되던 시기라 없어서 못 팔 정도였는데, 시계 판매로 돈을 벌자 김 회장은 가발 제조업과 농수산물 유통업까지 사업을 확장했다. 그러나 1960년대 후반, 정부가 외화유출 방지를 이유로 시계를 수입금지 품목으로 지정하면서 첫 번째 위기를 맞았다. 이로 인해 시계 밀수 시장이 커지는 것을 보고 김 회장은 국산 시계를 직접 만들기로 결심, 인천시 부평에 3300제곱미터의 땅을 매입해 1963년 시계 공장을 세웠다.

국내 시계 공장 1호였다. 태엽이나 시계 바늘을 돌아가게 만드는 부속인 무브먼트는 스위스에서 수입하고 케이스나 줄 등 외장은 직접 만들어 조립했다. 회사는 달러를 벌 목적으로 수출에만 집중하기로 했다. 꾸준히 수출 문을 두드리던 끝에 1970년대 초 국내 최초로 시계를 수출하는 데 성공했다.

미국, 파나마, 멕시코 등에 주문자상표부착생산(OEM) 방식으로 시계를 인기리에 팔았다. 완제품을 만들어줄 시간이 없어 줄 따로, 몸체 따로 팔아도 바이어들이 다 사갈 정도였다.

하지만 1981년 남미에 외환위기가 닥치면서 수출이 완전히 중단되자 회사는 두 번째 위기를 맞았다. 김 대표는 2년간 수출을 못하는 상황에서 OEM의 한계를 극복하기 위해 1982년도부터 자체 브랜드 개발에 매달렸다. 2년이 넘는 연구 끝에 1985년 웨스타(Westar)라는 브랜드를 개발했다. 이 브랜드는 특히 중동에서 인기가 높아 1990년대 초반까지 매년 2000만 달러가 넘는 수출 실적을 올렸다.

김 대표는 장사가 잘된 것도 좋았지만 자체 브랜드로 중동 시장을 개척해 국산 시계에 대한 인식을 바꾼 것이 더 의미 있던 일로 꼽았다.

'웨스타'와 '포체' 브랜드로 위기 탈출

김종수 대표는 홍익대학교에서 무역학을 전공했다. 1979년 대학 졸업 후 아버지의 권유로 〈아동산업〉에 입사했다. 학교에서 익힌 무역 지식이 사업에 도움이 될 것 같다는 생각에서였다.

김 대표는 입사 후 공장에서 시계 만드는 것부터 시작해 영업도 다니는 등 바닥부터 일을 익혔다. 특히 국내 시장보다 해외를 개척해야 한다는 논리로 부친을 설득해 한국 최초의 시계 수출용 자체 브랜드 '웨스타'를 만들었다.

회사가 생산한 손목시계를 들고 있는 김종수 대표

김 대표는 완성된 '웨스타' 샘플을 갖고 무작정 중동으로 날아갔다. 당시만 해도 두바이 등에서는 한국 시계에 대한 인식이 아예 없는 상태여서 영업에 애를 먹었을 뿐만 아니라 시간 약속을 안 지키는 현지인들의 습성 탓에 며칠씩 무작정 기다리는 것은 예사였다고 한다.

1984년 두바이의 대표적 시계 수출입 업체인 〈AFW〉

사에서 샘플을 보고 싶다는 희소식이 날아왔다. 〈AFW〉는 '웨스타' 브랜드의 120개 모델 1800개를 샘플 형식으로 첫 주문을 했다. 김 대표가 출장을 다니면서 숙소에 바이어를 초청해 직접 밥을 지어 대접하면서 애쓴 것이 이 같은 성과로 돌아온 것이다.

하지만 1993년부터 회사는 또 한 번의 위기를 맞았다. 중동에 진출한 국내 시계업체들 간 가격 낮추기 경쟁으로 채산성이 급격히 악화되기 시작한 것이다. 설상가상으로 시장 상황을 고민하던 김 회장이 갑작스럽게 고혈압으로 쓰러져 3일 만에 유명을 달리하자 회사가 곧 망할 거라는 소문까지 돌았다.

김 대표는 회사 분위기를 추스르고 1994년부터 중동 현지에서 약 2년을 머물며 거래처를 정상화시키는 데 공을 들였다. 이로 인해 안정적인 내수 시장의 필요성을 뼈저리게 느꼈던 김 대표는 한국으로 돌아온 뒤 2년간 개발에 매달려 10대 후반부터 20대까지를 겨냥한 새로운 브랜드 '포체'를 내놓았다.

'포체'는 현재 연간 100억 원의 매출을 올려주는 회사의 대표 브랜드이며, 최근에는 '포체' 브랜드로 패션 사업 진출도 모색하는 등 사업 다각화를 꾀하고 있다.

아동산업 2대

김종수

"〈아동산업〉의 '아동(亞東)'이란 '아시아의 동쪽'이라는 뜻입니다. 하지만 회사가 50년 가까이 됐는데도 〈아동산업〉이라고 하면 어린이용 물건 만드는 곳으로 알아 고민이 적지 않았습니다. 한때 회사명을 바꿀까 검토했지만 선친의 유지를 받들어 아시아에서 세계로 뻗어나가는 회사로 발전시키기 위해 사명을 계속 지켜나가겠습니다."

김종수 대표(55)는 '포체'를 시계 브랜드뿐만 아니라 옷이나 신발 등 종합 패션 브랜드로 키우기 위해 노력을 기울이고 있다.

"시간을 보기 위해 시계를 찬다는 것은 옛날 얘기죠. 시계야말로 자신을 드러낼 수 있는 중요한 패션 소품인 만큼 브랜드 가치를 높이는 것이 중요합니다. 좀 더 좋은 브랜드 이미지를 만들어나가는 것이 목표입니다."

이 같은 방침은 시계 시장이 이미 포화 상태에 이르렀다는 김 대표의 판단에 따른 것이다. 이에 따라 〈아동산업〉은 현재 국내 넥타이업체 및 가죽 제품을 만드는 제조업체와 상품 디자인을 공동 개발하고 있다.

김 대표는 '넥타이뿐만 아니라 우산과 모자까지 만들 방침'이라며 '국내 OEM(주문자상표부착생산)을 주는 방식으로 생산할 것'이라고 설명했다. '포체' 브랜드의 넥타이도 앞으로 시장에 첫선을 보일 예정이다.

물론 텃밭인 시계의 경쟁력을 강화하기 위해 정성을 쏟고 있다. 김 대표는 최근 시계 시장이 고가의 명품과 저가의 중국산으로 양분되는 것을 보고 상대적으로 저가 시계로 평가되는 '포체'의 고급화 전략을 진두지휘하고 있다.

구체적으로 시계의 외장과 장식에 고급 자재를 사용하고 디자인을 바꾸는 등 명품급 이미지를 만들 계획이다. 이와 더불어 지금까지 주요 고객이었던 18세부터 25세까지의 연령층보다 구매력이 높은 25세부터 35세의 연령층을 주 타깃으로 마케팅을 전개해나갈 방침이다.

평균 15만 원대였던 시계 가격도 평균 25만 원대로 올릴 계획이다. 이 같은 전략의 일환으로 〈아동산업〉은 최근 '퍼스트클래스'라는 포체의 하위 브랜드를 개발해 면세점에 공급하고 시장의 반응을 살피고 있는 중이다.

평균 가격이 40만 원이 넘는데도 잘 팔리는 편이라고 한다. 수출도 적극적으로 확대해나갈 방침이다. 회사는 25개국까지 수출을 늘릴 목표로 중국과 홍콩 법인을 설립했다.

"아시아권에서 오히려 한국 시계가 약세인 실정입니다. 매출을 늘려 잡지 않아도 안정적이고 다양한 수익원을 확보하기 위해 베트남과 캄보디아 시장에 뛰어들 계획입니다."

김 대표는 최근 시계 박물관을 건립할 부지를 마련하기 위해 경기도 양평에 장소를 물색 중이다.

"한국의 시계 역사가 40년이 넘었는데도 한눈에 국내 시계 역사를 살펴볼 수 있는 공간이 없어 아쉬움이 컸었죠.

5년 내에 건립할 생각입니다. 그간 시계 만드는 것을 천직으로 알고 살아온 저에게 역사에 길이 남을 세계적인 시계 브랜드를 만드는 것은 일종의 사명과도 같습니다."

스테이플러 침 하나로
미국 금속문구업체 잠식

1대 신중규
2대 신우용

가정이나 사무실에서 볼 수 있는 스테이플러와 스테이플러 침을 유심히 살펴보면 십중팔구 '평화(Peace)'라는 상표가 붙어 있다. 이 상표를 쓰고 있는 업체는 국내 스테이플러와 스테이플러 침 시장의 70% 정도를 장악하는 〈피스코리아〉이다. 스테이플러뿐 아니라 펀치, 가위, 커터, 스탬프, 핀 등을 생산하는 등 금속문구류에 있어서는 타의 추종을 불허하는 독보적인 업체이다. 창업주 신중규 회장이 50년 전 호치키스 침 기계 1대로 시작했던 〈평화산업사〉는 오늘날 〈피스코리아〉라는 회사명으로 아들 신우용 대표의 경영 아래 연간 매출액 500억 원에 이르고 있다.

품질만은 확실하게

1959년에 〈피스코리아〉를 설립한 창업주 신중규 회장(82)은 평안북도 강계군 출신이다. 강계 공립중학교를 졸업한 그는 19세였던 1947년 4월 학업을 계속하기 위해 무작정 서울로 향했다. 하지만 해방 후 좌우익 대립이 한창이던 시기였기에 38선 인근 황해도에서 인민군에게 잡혀 감옥처럼 쓰던 창고에 갇히게 되었다.

억류된 사람들로부터 '월남하다 붙잡히면 아오지 탄광이나 시베리아

스테이플러와 그 침을 살펴보고 있는 신중규 회장(오른쪽)과 신우용 대표

벌목장으로 끌려간다'라는 얘기를 들고 탈출을 결심한 신 회장은 야음을 틈타 흙벽을 뚫고 빠져나왔다. 그를 뒤따라 나온 사람들은 인기척을 느끼고 쫓아온 인민군의 총격에 대부분 쓰러지거나 잡혀갔다. 구사일생으로 사선을 넘어 서울에 도착한 그는 당장 생계유지가 발등의 불이었다. 더욱이 곧이어 터진 6 · 25 전쟁의 포화 속에 끝내 학업의 뜻을 접을 수밖에 없었다.

부산으로 내려가 피난민 수용소에 머물던 동향 출신의 부인을 만나 결혼했다. '소의 꼬리가 되지 말고 닭의 머리가 되라'는 부인의 충고를 받아들여 장사에 뛰어들기로 결심했다. 장인은 고향 피난민들을 모아 계를 결성해 그가 1순위로 목돈을 쥘 수 있도록 손을 썼다.

밑천을 마련한 뒤 평소 학생들이 자주 오가는 부산 영도 공설시장 앞에서 문방구를 열었다. 경품을 내거는 등 뛰어난 수완으로 장사가 잘됐다. 이에 힘입어 점포를 10개월 만에 팔고 국제시장에 문구 도매상을 차렸는데, 3층 점포에 물건이 가득 찰 정도로 사업은 번창했다. 호사다마였을까, 1953년 부산 국제시장 대화재로 점포가 전소됐다. 망연자실하던 무렵, 신 회장의 능력을 눈여겨본 고향 친구의 제의로 부산 보수동에서 헌책방(고서점)을 시작했다.

친구가 자본을 대고 경영은 신 회장이 맡았다. 여기서 재기의 발판을 마련한 뒤 이익금을 갈라 독립, 1959년 스테이플러 침을 만드는 기계(제침기) 1대를 사들여 회사를 차렸다.

문구 도소매상 시절 불량률이 70~80%에 달했던 국산 스테이플러 침을 직접 제작하고 싶은 욕구가 치솟았던 것이다. 상호는 〈평화산업사〉로 정했다. 전쟁의 격변기를 거친 신 회장이 얼마나 평화를 갈구했는지 엿볼 수 있는 대목이다.

그는 침을 생산하는 족족 전수 검사를 했다. 품질이 좋다는 평판이 퍼지면서 부산뿐 아니라 서울에서도 주문이 들어왔다. 기계 1대로 시작했던 사업은 3년 만에 4대로 늘어났다.

신용도 한몫했다. 다른 생산업자들이 무리하게 판로를 개척하기 위해 도매상을 상대로 들쭉날쭉 가격을 책정해 신뢰를 잃은 반면, 신 회장은 한번 물건 값을 정하면 어음이든 현찰이든 어느 지역이건 한 푼도 깎아주거나 올려 받지 않았다. 품질이 좋은 데다 가격도 일정했던 〈평화산업사〉 제품은 도매상들로부터 마치 금값처럼 공인된 표준으로 인정받았다.

미국 금속문구업계 4위 〈에이스 패스너〉 매입

1960년대 말부터는 스테이플러 제작에도 뛰어들었다. 마침 국내 경제 성장이 본격화되면서 매출이 늘기 시작했다. 1970~80년대에는 주문량을 미처 대기 힘들 정도로 공급이 달렸다.

서울 지역 납품 물량이 늘어나자 회사를 1971년 서울 성수동으로 옮겼다. 일본의 금속문구 제조업체인 〈MAX〉와 기술제휴 계약을 맺는 등 사세가 확장되기 시작했다.

신 회장의 장남 신우용 대표(55)는 1981년 부친을 돕기 위해 입사한 뒤 기술 개발과 함께 인천 남동공단 및 경기 이천 공장 등으로 생산 라인을 확장했다. 해외 시장 개척에도 관심을 쏟아 1991년에는 부도로 국제입찰에 나온 미국 금속문구업계 4위 업체인 시카고 소재 〈에이스 패스너(ACE FASTENER)〉를 당시 시세의 절반도 안 되는 250만 달러에 낙찰 받았다.

특히 공업용 스테이플러 생산 능력까지 갖췄던 이 회사를 매입하면서 〈피스코리아〉는 기술 확장 효과와 함께 미국 전역에 진출하는 발판을 마련하게 되었다.

공업용 스테이플러의 경우 미국에 매달 컨테이너 70대 분량을 수출하고 있을 정도이다. 이후 멕시코, 중국 상하이에도 법인을 세웠다. 신 대표는 2000년대 들어 본격적으로 경영 전면에 나섰고 2004년 2월에는 창업주인 신중규 회장으로부터 경영권을 정식으로 승계했다.

1998년 계열사를 통합해 지금의 상호로 바꾼 〈피스코리아〉는 스테이플러 침만 해마다 800톤 정도를 생산하는 등 연간 매출액이 500억 원에 이른다. 현재 상하이 법인과 미국 〈피스 인더스트리(Peace Industries, 옛 에이스 패스너)〉의 경우 신 대표의 동생인 신승용 사장(53)과 신경용 사장(50)이 각각 가업 승계의 기틀을 다지고 있다.

피스코리아 2대

신우용

"그동안 30개 정도의 경쟁 업체들이 등장했지만 대부분 〈피스코리아〉의 품질 및 신용을 바탕으로 한 유통망과 인지도를 뚫지 못하고 사라졌습니다. 앞으로 글로벌 시장의 최강자로 우뚝 서겠습니다."

신우용 대표는 대학(단국대 경영학과 74학번)을 졸업하자마자 부친의 회사에 들어갔다. 가업 승계를 하게 된 특별한 계기는 없다. 어려서부터 공장과 집이 붙어 있었기 때문에 자연스레 〈피스코리아〉 입사를 결정하게 됐다는 것이 신 대표의 설명이다. 그렇다고 대를 잇는 과정이 순탄하기만 했던 것은 아니다. 스테이플러 제조 과정에 대해 누구보다 잘 알고 있다고 생각했지만 막상 실무에서 부딪쳐보니 문외한에 가까웠다. 특히 기술력이 쟁쟁한 데다 어린 시절 그의 모습을 기억하는 창업 공신들과의 심리적인 간극도 극복하기 쉽지 않은 과제였다.

좀처럼 자리를 잡지 못하던 그는 입사 3년차인 1983년, 퇴사한 직원이 운영하던 문구도매점을 2년간 회사 직영으로 위탁관리하게 되면서 문구유통업을 경험할 수 있는 기회를 얻었다. 공장에서 어렵사리 갈고 닦은 경험과 유통 마인드가 결합하면서 비로소 그는 독자적인 시각으로 자신만의 목소리를 낼 수 있었다.

"유통 구조를 이해하다 보니 비로소 눈이 트이더군요. 그 덕에 창업 공신들과의 격차도 줄이고 회사에 연착륙하는 계기가 됐습니다."

신 대표는 요즘 가위에 승부를 걸고 있다. 〈피스코리아〉의 새로운 성장 동력으로 삼기 위해서다. 실제 가위 시장은 현재 정확한 규모를 추산하기 어려울 정도라는 것이 신 대표의 설명이다. 반면 국내에서 가위를 생산하는 곳은 〈피스코리아〉의 경기도 이천 공장이 유일하다. 중국산에 밀려 국내 제조업체들이 대부분 사업을 접었기 때문이다.

"요즘은 가정이나 식당에서 김치를 자를 때 칼이 아니라 가위를 사용할 정도로 가위의 용도가 갈수록 늘어나는 추세입니다. 이런 블루오션 시장을 중국산에 모두 점령당한 현실이 안타깝죠."

현재 〈피스코리아〉가 생산하고 있는 가위는 중국산보다 품질이 훨씬 뛰어난 고급 가위다. 가격도 2~3배 이상 비싸다. 특히 일본 업체 〈하세가와〉와의 기술제휴를 통해 만든 것으로 품질이 뛰어나다는 평가를 받고 있다. 일례로 가위질할 때 가위 날 틈이 벌어져 종이가 끼는 등의 현상이 전혀 없다.

"국내에서 팔려나가는 가위는 99% 이상이 중국산입니다. 중국산과 비슷한 가격대의 저가품에서부터 고급 가위 시장에 이르기까지 중국산에 빼앗긴 가위 시장도 앞선 기술로 찾아올 겁니다. 국내 가위 시장을 다시 되찾는 데 회사의 역량을 쏟고 있습니다."

세계가 인정하는 명품 엑스레이 진단기

〈리스템〉은 한국전쟁이 끝난 직후 국내에서 처음 엑스레이 진단기기를 만들어 판 전쟁둥이 기업이다. 미군 부대에서 폐기 처분한 것을 주워 만드는 넝마상으로 출발했지만 지금은 디지털용 엑스레이 진단기기 분야에서 미국과 일본을 뛰어넘을 정도로 세계 최고 수준의 기술력을 확보하고 있다. 필름이 필요 없는 디지털용은 국내 시장의 90%를 장악했고 필름용도 50%에 이른다. 문명화 창업주에 이어 문창호 대표(56)의 1남 1녀 중 맏이인 문상진 해외영업팀 팀장이 3대째 가업을 이어가고 있다.

아버지 사업을 위해 의대를 자퇴

황해도 사리원이 고향인 문명화 창업주(2004년 작고)는 한국전쟁 중 피난 와 부산 영주동에 정착했다. 전쟁이 끝난 이듬해부터 미군 부대에서 폐기 처분한 고물 엑스레이 진단기기를 주워 부품 교체 등 수리 작업을 거쳐 부산 지역 의사들에게 팔았다. 당시만 해도 동네 의원에 엑스레이 진단기기가 들어오면 잔치를 벌일 정도로 희귀했다.

하지만 1960년 대전에 공장을 짓고 〈동아X선기계공업(2000년 〈리스템〉으로 변경)〉이란 명패를 달면서 고생길이 시작됐다. 1965년 한일 협정 체결로 일본제 엑스레이 진단기기가 국내에 밀려든 뒤 한 달에 한 대조차 팔기 힘들었다. 기술을 배운 적이 없는 창업주는 의료 장비를 직접 제작하겠다고 나섰다.

네댓 평 되는 창고에서 망치로 철판을 펴다가 잘못 내려쳐 다친 손가락을 헝겊으로 칭칭 묶고 작업할 때도 많았다. 하지만 전세방에서 사글셋방으로 옮기고 사채까지 얻어 쓰면서도 엑스레이 진단기기만은 자기 손으로 만들겠다는 집념으로 사업에 대한 열의를 결코 잃지 않았다. 이런 아버지의 모습을 지켜본 뒤 문창호 대표는 다니던 의대(충남대 의예과)를 아버지와 상의도 않고 1972년 자퇴했다.

아르바이트로 학자금을 벌어 연세대에서 전기공학을 전공, 1979년부터 아버지를 도왔다. 때마침 정부가 일본과의 무역역조 개선을 위해 수입선다변화제도를 1978년부터 시행하면서 일본제 엑스레이 진단기기의 국내 수입이 중단됐다.

하지만 다른 업체들이 속속 생겨나면서 제 살 깎기 경쟁을 하는 상황으로 변했기 때문에 기대처럼 당장 판매 증대로 이어지지는 않았다. 직원들이 퇴근하고 난 뒤 아버지와 아들은 함께 밤 12시를 넘겨서까지 일했지만 하루하루가 힘겨웠을 정도였다.

1980년대 초반까지만 해도 엑스레이 진단기기에 들어가는 철판을 작두로 잘랐다. 작두의 덜그덕거리는 소리와 함께 절단된 철판은 매끄럽지 않은 데다 잘린 부위도 삐뚤삐뚤한 경우도 많았다. 문 대표는 1984년 추석 하루 전날 아버지 몰래 들고 나온 수금대금 850만 원으로 서울에서 절단기를 구입해 이 문제를 해결했다.

　하지만 '직원들 월급 줄 돈을 가져가는 놈이 어디 있느냐'라며 아버지한테 빗자루가 부러질 정도로 두들겨 맞아야 했다. 이후 문 대표는 대학에서 배운 전공을 살려 설계 공정 단순화와 직원 교육 등을 직접 해가며 회사의 경쟁력을 키웠다.

한 대라도 팔 곳이 있으면 어디든 간다

　문 대표가 아버지의 뒤를 이어 사령탑에 앉은 때는 서울 올림픽이 끝난 1988년 11월이었다. 이 시점부터 문 대표는 해외 마케팅에 집중했다. 40여 개 업체가 경쟁을 벌이는 바람에 국내 시장이 포화 상태에 이른데다 올림픽 이후 불기 시작한 글로벌화 바람에 눈을 해외로 돌리게 된

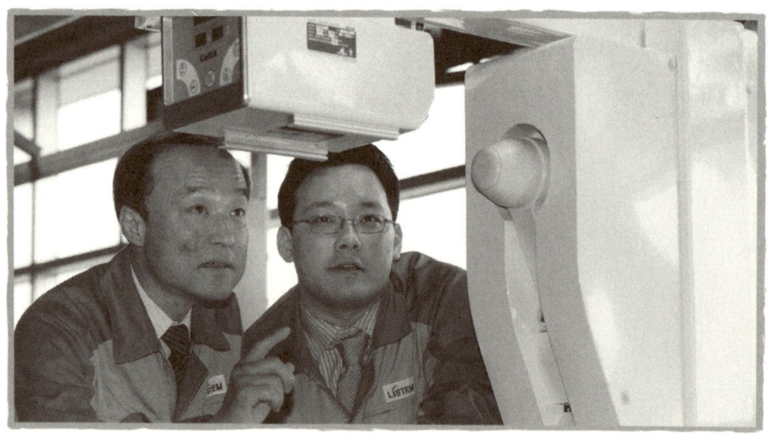

엑스레이 진단기를 살펴보고 있는 문창호 대표(왼쪽)와 상진 씨

그는 20여 년간 방문한 국가만 120여 개국에 이르고 비행시간도 3000시간이 넘는다.

첫 수출은 1990년 초 필리핀에서 이뤄졌다. 필리핀 보건성의 입찰에서 일본, 미국, 유럽 등 10여 개 선진국 업체를 따돌리고 수주한 것이다. 이 입찰을 통해 필름용 엑스레이 진단기기 23대(약 80만 달러)를 필리핀에 공급하면서 수출 물꼬를 텄다. 또 태평양 한가운데 있는 팔라우에도 수출한 뒤 지금까지 고객 관계가 이어지고 있다.

팔라우는 인구 1만 명에 병원이 4곳뿐인 소국이지만 '한 대라도 팔 곳이 있으면 어디든 가겠다'라는 문 대표의 집념이 회사를 미국, 일본, 유럽 등 60여 개국에 수출하는 글로벌 기업으로 키웠다. 특히 디지털용 엑스레이 진단기기(모델명 UNI-DR)는 필름 없이 촬영이 가능하고 영상 조작은 물론 전송, 저장 기능이 뛰어나 〈지멘스〉, 〈GE〉, 〈필립스〉 제품보다도 우수하다는 평가를 받고 있다.

문 대표는 2009년 원주 공장에 생산 설비를 추가로 들여와 매출 300억 원(수출 1,500만 달러)을 달성해 엑스레이 진단기기 분야 최고 기업으로 키우겠다는 포부를 갖고 있다.

리스템 3대

문상진

"할아버지와 아버지는 척박한 환경에서 엑스레이 진단기기를 세계 최고의 제품으로 만드셨습니다. 지금부터 〈리스템〉을 글로벌 브랜드로 키우는 게 제 몫이라고 생각합니다."

문상진 해외영업팀 팀장(28)은 패기가 넘치는 신세대지만 아버지 문창호 대표 앞에서는 설설 긴다. 고개조차 제대로 들지 못할 정도이다. 문 팀장의 표현대로 문 대표가 호랑이와 같은 엄부(嚴父)기 때문이다.

그는 서울 신구중학교 3학년 시절 미국으로 유학해 플로리다주립대에서 마케팅과 국제경영을 전공했다. 당초 기계공학을 배워 엔지니어가 되고 싶었지만 아버지가 해외영업에서 고생하는 것을 보면서 마음을 바꿨다. 대학 졸업과 함께 2005년 9월 입사했다.

"새로운 거래처를 뚫기 위해 해외출장을 갈 때마다 힘겨워하던 아버지의 짐을 덜어드리고 싶었죠. 회사에 들어온 뒤 아버지께 해외영업을 맡겠다고 자원했습니다."

문 팀장은 2007년 9월 회사의 신용을 떨어뜨리는 대형 사고를 쳤다. 수출업무를 맡으면서 러시아 업체에 배 삯만 계산해 청구했던 것이다. 통상 배 삯에 하역, 서류비 등 부대비용을 모두 포함시켜야 하는데 이를 누락하는 실수를 범한 것이다.

"나흘간 전화로 통사정해 러시아 업체로부터 누락된 비용을 겨우 받을 수 있었지만 아버지께 뒤통수가 화끈거릴 정도로 몇 대 얻어맞을 만큼 된통 혼났었죠. 학창 시절에는 맞은 적이 한 번도 없었는데 입사해서는 종종 구타를 당하기도 합니다. 하하."

문 팀장은 아버지의 혹독한 단련을 통해 엑스레이 진단기기의 명가를 이어갈 기둥으로 성장하고 있다. 옆에 있던 문창호 대표가 말을 덧붙였다.

"저도 아버지에게 빗자루로 얼어맞아 가면서 일을 배웠습니다. 잘못했으면 혼내야지 마냥 품속에 끌어안고 있어서 되겠습니까?"

문 대표는 지금까지 문 팀장의 성과가 'B+'는 되는 것 같다고 평가했다.

"해외영업을 하기 위해서는 일단 외국에서 영어 소통이 원활해야 하는데 이건 아들놈이 잘하는 편이죠. 현재까지 해외영업 현장을 돌아다니면서 젊음을 무기로 각종 어려움을 잘 극복하며 배우고 있는 것 같습니다."

문 팀장은 해외영업을 맡은 지 1년 만에 남미 시장을 뚫었다. 일본에서 무상 지원받은 중고 제품이 대부분인 페루에 2006년 8월 32대를 수출한 것이다. 이를 위해 문 팀장은 3개월 남짓 페루에서 살다시피 했다. 페루의 수도인 리마에 있는 병원을 찾아다니며 일본 제품에 비해 성능 면에서 손색이 전혀 없다고 소개했다.

"일본제 중고 제품을 새 것으로 바꾸고 싶어 했던 페루 의사들의 입맛에 딱 떨어진 결과였습니다."

문 팀장은 업무를 마친 저녁이면 어김없이 연구실에서 엑스레이 진단 기기를 직접 뜯어보고 조립하는 데 시간을 보낸다.

"해외에 제품을 파는 게 업무지만 어디를 가든 회사가 만든 전 모델을 혼자서도 에이에스(AS)할 수 있는 실력을 갖추기 위한 것이죠. 이 분야 최고의 영업맨이 되겠습니다."

한창기업

기타용 헤드머신으로 일본 아성을 넘보는 강자

통기타, 전기기타 및 바이올린의 현을 조절하는 장치인 헤드머신과 브리지 등을 전문으로 만드는 악기 부품 회사인 〈한창기업〉은 국내에서 최초로 헤드머신을 개발했으며, 현재 100여 종을 생산하고 있다. 헤드머신으로만 연간 90억 원의 매출을 올리고 있는데, 국내 시장 점유율 1위, 해외에서는 20% 이상을 차지한다. 창업주에 이어 29년간 회사를 이끌어오던 강한수 회장이 2006년, 1988년부터 같이 일하던 막내 동생 강장수 대표(55)에게 물려주며 현역에서 은퇴해 2.5대 경영체제를 구축했다. 회사에는 3대째를 이어갈 강 회장의 3녀 강승이 씨(39)가 총괄부장으로 근무하고 있다.

통기타 붐을 타고 승승장구

〈한창기업〉은 1959년 설립된 이후 반세기 동안 대를 이어가며 헤드머신 하나에만 공을 들여왔다. 회사의 제품은 국내 기타업계의 빅3인 〈콜트악기〉, 〈스윙악기〉, 〈데임악기〉에 납품되고 있으며 세계 최고의 전기기타 명품 브랜드인 미국의 〈펜더〉, 〈깁슨〉에까지 공급된다. 세계 최대의 기타 부품 회사인 일본 〈고토〉의 아성을 넘보고 있는 명실공히 국내 기타 부품업계의 지존이라 할 만하다.

창업주인 고(故) 강영석(1916년 생, 2002년 작고) 회장은 8형제의 장남으로 가족들의 생계를 책임지기 위해 일제 시대에 혈혈단신 일본으로 건너가 방직공장에 취직해 기계를 다루었다. 1950년부터는 국내에서 가장 큰 방직공장이었던 〈조선방직〉에서 공장장으로 일했다. 그러던 중 최초의 국산 기타를 만들었던 〈세고비아〉에 근무하던 지인이 1959년 어느 날 강 회장을 찾아와 헤드머신을 만들어볼 것을 권했다. 헤드머신이 너무 잘 망가지는데 수입 부품이라 구하기가 하늘의 별 따기라는 이유에서였다. 통기타 붐이 시작되는 시점이어서 부품 수요가 많았지만 기존 헤드머신들은 수입품인데도 몇 번 연주하고 나면 조율이 틀어졌고 심하면 부서질 정도로 조잡했다고 한다.

창업주는 헤드머신이 방적에 필요한 실을 묶는 장치와 비슷한 원리로 제작된다는 점을 간파, 〈한창기업〉의 전신인 〈서울금속공업사〉를 세웠다. 공방 수준의 업체였지만 통기타 붐을 타고 물건은 잘 팔려나갔다.

고부가가치 상품 만들기에 전력

차츰 유명세를 타던 회사가 본격적으로 성장한 시점은 1978년 4남 중 장남인 강한수 회장이 대표로 취임하면서부터이다. 강 회장은 1959년부터 선반부터 용접까지 안 해 본 것 없이 아버지 일을 도왔음에도 정작 회사를 물려받기는 싫어했다.

하지만 따로 배운 것도 없고 아버지가 연로해 사업을 맡을 수밖에 없

헤드머신을 들고 있는 강한수 회장(가운데)과 강장수 대표(오른쪽), 강 회장의 딸 승이 씨(왼쪽)

었다. 취임 직후 강 회장은 생산효율을 높이려 공장 자동화 방안을 궁리하기 시작했다. 1년간의 연구 끝에 1980년 처음으로 헤드머신의 외형을 찍어내는 기계를 만들어낸 것을 시작으로 10년간 48가지 공정에 필요한 모든 기계를 자동화하는 데 성공했다.

1990년대 이후 인건비 때문에 많은 기타 관련 공장들이 중국으로 가거나 도산했지만 〈한창기업〉은 자동화 덕택에 아직까지 국내 생산 체제를 유지하고 있다. 〈한창기업〉이 세계적 헤드머신 업체인 독일의 〈쉘러〉나 일본의 〈고토〉에 이은 후발 주자로 알려지기 시작한 것도 이때이다. 당시 국내 기타업계는 전 세계 기타의 30%를 생산하는 '세계의 기타공장' 역할을 하고 있었다. 그중 〈펜더〉의 OEM(주문자상표부착생산 방식)업체이자 국내 기타업계의 선두였던 〈콜트〉가 1980년 회사의 제품을 점검하자고 한 것이었다.

〈한창기업〉의 제품은 〈고토〉 제품보다 줄을 10회나 더 감아도 멀쩡할 만큼 내구성이 높았고, 〈콜트〉가 생산한 펜더기타에도 이 회사의 제품이 쓰인 것이 알려지면서 국내외 바이어들이 줄을 서 사갈 정도였다.

탄탄하게 성장하던 〈한창기업〉은 1990년대 초 중국산 저가품이 국내 시장에 대거 등장하면서 위기를 맞았다. 수출보다 내수에 집중한 것이 원인이었다. 강 회장의 상황 타개책은 중국이 따라올 수 없는 고부가 가치 제품을 개발하는 것이었다. 강 회장은 3년여의 연구 끝에 현을 고정시켜 음정이 변하지 않게 하는 고급 헤드머신인 로킹 튜너(Locking-tuner) 등의 제품을 자체 개발하는 데 성공, 국내 시장뿐 아니라 미국과 일본 및 유럽 시장까지 공략하기 시작했다. 강 회장은 2000년대 초부터 OEM 비중을 낮추면서 해외 기타 메이커에 직접 납품을 모색하고 있는 중이다.

2006년 강 회장이 28년간 이끌어오던 회사를 1988년부터 같이 일하던 막내 동생인 강장수 대표에게 물려주며 현역에서 은퇴하면서 회사는 2.5대 경영 체제에 돌입했다. 회사에는 3대째 대를 이어갈 강 회장의 3녀 강승이 씨가 총괄부장으로 근무하고 있다.

세계적인 메이커들과 본격적으로 경쟁해야 하는 시점에서 젊은 사람들이 회사를 이끌어 〈한창기업〉이 100년 가는 회사가 되기를 바라는 강 회장의 뜻이 반영된 것이기도 했다.

한창기업 2.5대

강장수

"품질로만 경쟁하면 세계적 명품 헤드머신인 〈쉘러〉나 〈고토〉에도 뒤지지 않을 자신이 있습니다. 브랜드를 더 많이 알리는 전략에 주력해 글로벌 브랜드로 키워나가겠습니다. 판매에 있어 품질 못지않게 브랜드 이미지가 중요하거든요."

강 대표는 1980년 홍익대 무역학과를 졸업한 뒤 〈국제상사〉에 입사해 기획과 자금 분야에서 일하다 1986년 〈지역난방공사〉로 옮겼다. 1988년 기획 경험을 살려 사업에 도움이 돼 달라는 형 강한수 회장의 요청으로 부사장으로 입사하며 함께 일하기 시작했다.

2006년에는 회사의 경영을 물려받았다. 강 대표는 취임 후 회사가 생산한 물건에 회사 브랜드를 부착하는 것과 품질이 뛰어난 제품을 개발해 해외 명품 기타업체에 직접 공급하는 것에 주력하고 있다. 그동안 회사의 제품은 주로 해외 유명 헤드머신 업체의 OEM 생산품이 대부분을 차지하는 실정이었다.

이를 위해 강 대표는 끊임없이 기술 개발에 주력해 2007년 '셀프로킹 튜너(Self-Locking tuner)'를 개발하는 데 성공했다.

이 제품은 줄을 고정할 필요가 없이 줄을 끼워 돌리기만 하면 자동으로 줄이 물린다.

국내외에서 8건의 특허를 받았고 현재 일본의 유명 기타회사인 〈ESP〉와 미국의 〈깁슨〉 및 〈펜더〉의 고급 기타 제조 공정에 회사의 브랜드로 각각 1500세트씩 직접 공급되고 있다. 품질은 외제와 동등한데도 가격은 싸 인기가 높다.

국내 기타업체 〈스윙악기〉의 김태영 대표는 〈한창〉의 제품에 대해 '외제보다 60%까지 저렴하고 견고하며 정확하고 부드러운 동작이 특징'이라고 설명했다.

〈한창기업〉은 특히 최근 미국의 수제 명품 어쿠스틱 기타 업체인 〈테일러〉와 전기기타 제조에 관련된 기술제휴를 맺었다. 미국에서 판매되는 3,600달러짜리 기타에는 〈한창기업〉의 로고가 박힌 헤드머신과 줄 고정 장치인 브리지가 장착돼 있다.

"〈테일러〉 측에서 우리 회사 제품을 썼다는 광고도 했었습니다. 앞으로 명품 기타 메이커에 우리 브랜드 제품의 직접 수출이 늘 겁니다."

강 대표는 강한수 회장과 함께 3대 강승이 부장에게 경영수업을 시키고 있다.

강 회장의 셋째 딸인 강 부장은 다섯 자매 중에서 남자 못지않은 과단성을 가졌으며, 대학(유한공전 시각디자인 89)에서 시각디자인을 전공하였다.

1994년 평사원으로 입사해 현재 회사의 제품 패키지 디자인과 제품의 설계 및 R&D(연구개발)를 담당하고 있다. 〈테일러〉에 나간 물건도 강 부장이 직접 디자인한 것이라고 한다.

"〈한창기업〉을 세계적인 부품 회사로 키우고, 3대를 이어갈 수 있도
록 훌륭한 징검다리가 되는 것이 제 목표입니다."

해외 기타 전문가들이 소장하는 수제 기타

클래식 기타에 관심이 있는 사람들에게 〈엄태창〉은 그리 낯설지 않은 이름이다. 국내에서 가장 오래된 기타 제작 회사일 뿐만 아니라 품질이나 가격 측면에서도 '국내 최고'라는 수식어가 따라붙기 때문이다. 500만 원짜리 기타를 팔 때조차 단돈 1원도 깎아주지 않는 반면 자신의 이름이 새겨진 기타에 대해선 '평생 무료 애프터서비스(AS)'를 해주는 것으로도 유명하다. 아버지 〈엄상옥 기타〉에서 출발한 〈엄태창 기타〉는 조카 〈엄용식 기타〉로 명성을 이어갈 것이다.

기타 살 돈이 없어 직접 제작

〈엄태창 기타〉의 시작은 1920년대 말로 거슬러 올라간다. 감수성 예민한 10대 소년이었던 엄태창 대표의 아버지 엄상옥 씨는 이웃집 형이 들려준 감미로운 기타 소리에 하루하루 빠져들었다. 하지만 기타를 살 돈이 없었기 때문에 직접 만들 것을 결심하고 기타를 연구하기 시작했다. 드디어 1932년 제법 모양과 음색을 갖춘 기타를 만드는 데 성공했다. 하지만 당시는 기타 제작만으로는 밥벌이가 안 되던 시절이어서 그는 양말 공장을 운영했다. 그러던 그가 기타에 다시 관심을 가진 것은 한국전쟁이 끝난 직후였다.

화재로 공장을 잃은 엄 씨에게 남은 것은 기타 만드는 손재주뿐이었고, 마침 미군들을 중심으로 기타 수요도 늘어났다. 엄 씨는 1954년 서울 왕십리에 〈다이아몬드 기타〉라는 상호를 내걸고 기타 만들기에 본격적으로 들어갔다. 사업은 번창했다. 자신감이 붙은 엄 씨는 기타에 대한 책임을 지겠다는 결심의 표현으로, 1974년 회사명을 〈엄상옥 기타〉로 바꾸었다. 엄 씨가 막내아들인 태창이를 후계자로 생각했던 것도 그 무렵이었다.

실습과 이론을 겸비한 세계적인 기타 제작가

하지만 아들은 아버지의 소망을 저버리고 1970년대 말 청년 사업가의 길로 들어섰다. 표구 사업으로 한때 큰돈을 벌었지만 갑자기 닥쳐온 늑막염 탓에 사업을 접어야 했다. 방황하던 그에게 구원의 손길을 건넨 사람은 아버지였다. 당시 그로선 '대전에 내려가 함께 기타를 만들자'라는 아버지의 제의를 거절할 명분도, 그만한 재기의 기회도 없었다.

1985년 엄씨가(家)의 기타 제작 대물림은 이렇게 시작됐다. 하지만 도제식으로 진행된 기술 전수 과정은 순탄치 않았다. 시키는 대로만 하라고 말하는 아버지의 교육 방식에 아들은 언제나 이유를 설명해 달라며 맞섰다. 교육 방식을 둘러싼 부자 간 갈등은 수년간 이어졌고, 급기야 아들은 1990년 새로운 스승을 찾아 독일행 비행기에 몸을 실었다.

그렇게 시작된 아들의 두 달짜리 유럽 연수는 1997년까지 연례 행사

기타의 몸체와 기타줄이 평행을 이루는지 점검하는 엄태창 대표

가 됐다. 그에게 아버지가 실습 선생님이었다면 세계적 기타 제작가인 프랑수아 코벨라리와 사토 가쓰오는 이론 선생님이었다. 그 즈음에 아버지는 반항심 많은 아들에 대한 생각을 바꾸고 있었다. 좋은 기타를 만들겠다는 일념으로 뛰어다니는 아들의 모습이 대견했는지 아버지는 회사명을 아들 이름으로 바꾸자고 제안해 〈엄상옥 기타〉는 1994년을 기점으로 〈엄태창 기타〉로 거듭나며 '한국 최고 클래식 기타'라는 타이틀을 이어갔다.

1995년부터는 독일, 일본, 중국 등으로 수출길도 뚫었다. 현재 〈엄태창 기타〉를 2대 갖고 있는 라만 함펠 독일 트로싱엔 음대 교수는 '〈엄태창 기타〉는 연주하기 매우 편하고 원하는 소리를 낼 수 있는 게 장점'이라고 평가했다.

엄 대표는 대당 3,000만 원이 넘는 스페인의 '이그나시오 플레타'에

버금가는 세계 최고 수준의 기타를 사람들의 방해 없이 만들기 위해 얼마 뒤 강원도 오지로 내려갈 계획이다. 산골행(行)에는 2006년 제자로 입문한 큰형의 아들인 엄용식 씨(38)가 동행할 예정이다.

용식 씨는 독일에서 클래식 기타 연주가 과정을 밟고 있는 엄 대표의 딸 지수 씨를 대신해 '엄 씨네 기타 가게'의 세 번째 주인으로 낙점 받은 상태다.

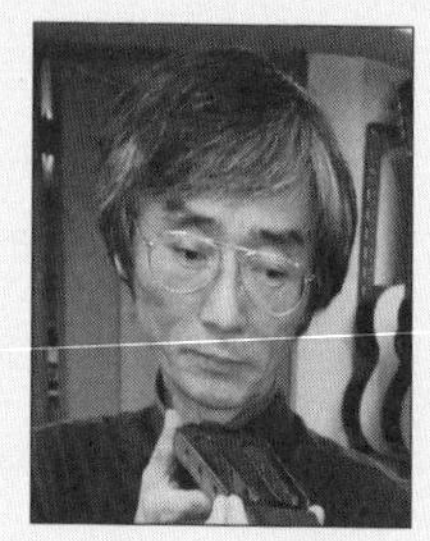

엄태창 기타 2대

엄태창

"아버지께서 약주를 드시면 당시 고등학생이던 제게 '가업을 물려받으라'고 말씀하시곤 했어요. 하지만 저는 아버지가 일하는 게 너무 힘들어 보여서 싫었어요. 하지만 이제는 조카가 물려받기로 한 만큼 엄 씨의 가업도 100년 역사를 바라볼 수 있게 됐습니다. 아버지가 그랬던 것처럼 때가 되면 〈엄태창 기타〉도 〈엄용식 기타〉로 바뀌게 될 것입니다."

"좋은 기타를 만들려면 참고 기다릴 줄 알아야 합니다. 명기(名器)는 인고(忍苦)의 과정을 거치지 않고선 태어날 수 없기 때문입니다."

엄태창 대표(55)가 말하는 기타 제작의 요체는 '기다림'이다. 예컨대 접착제를 이용해 부품 하나를 본체에 붙였다면 해당 부위의 뒤틀림 현상이 끝날 때까지 며칠씩 기다린 뒤 다음 작업에 들어가야 한다는 것이다. 그래서 고급 연주가용 기타를 제작하는 데 8~12개월씩 걸린다. 이같은 기다림의 원칙을 지키지 않으면 3~4년 뒤에 접합 등에 문제가 발생한다고 엄 대표는 설명했다.

"기타를 만들다 보면 가끔은 꼼수를 부리고 싶을 때가 있습니다. '어차피 후유증이 생겨도 3~4년 뒤의 일인데 대충 만들까' 하는 생각이 들

거든요. 그때마다 '엄태창이란 이름을 더럽힐 거냐'라며 스스로를 다그
칩니다. '내 이름 석 자를 걸고 기타를 만든다'라는 생각에 사명(社名)을
〈엄태창 기타〉로 바꾸었는데, 아버지 이름이 담긴 사명을 그대로 유지
했다면 혹시라도 소비자가 기타에 불만이 있을 때 제가 아닌 아버지를
욕할 것 아닙니까."

〈엄태창 기타〉의 연간 생산량은 400대 수준으로, 대부분은 40만~50
만 원짜리 일반 기타이며, 400만~500만 원에 달하는 연주가용 기타는
20대 정도 만든다. 연 매출은 3억 원 안팎인데, 엄 대표와 2명의 제자가
제작을 도맡고 있다. 밀려드는 주문량을 모두 소화하려면 생산능력을 3
배가량 끌어올려야 하지만, 기타의 질을 중시하는 엄 대표는 이를 허락
하지 않고 있다.

완벽주의자에 가까운 엄 대표지만 1990년대 초반에 자신이 만든 기타
중에는 부끄러운 작품이 많다고 고백한다. AS를 받기 위해 공방에 들어
온 그 시절 기타를 보면 '왜 이렇게 만들었을까'하며 얼굴이 화끈해지는
걸 느낄 정도라고 한다. 스스로 생각하기에 기타다운 기타를 만들기 시
작한 것은 불과 10년 전인 1998년부터라는 게 엄 대표의 설명이다.

"사업을 막 확장하려던 차에 외환 위기가 터지자 앞이 깜깜해지더군
요. 자재상들은 빚 갚으라고 매일 역삼동 공방에 찾아오지, 기타 수요
는 줄어들지…, 힘든 걸 잊기 위해 새벽에 홀로 공방에 나가 기타 제작
에만 매달렸어요. 그랬더니 예전 작품과는 다른 쓸 만한 기타들이 나와
호평을 받고 곧바로 팔려나갔죠."

엄 대표가 말하는 좋은 기타란 어떤 것일까.

"비싼 기타를 친다고 비싼 소리가 나지는 않습니다. 아마추어 연주자는 아무리 비싼 기타를 가져도 그 안에 잠재된 기능을 끄집어낼 수 없기 때문입니다. 오히려 '비싼 기타인데 왜 이런 소리밖에 안 나지?' 하면서 스트레스만 쌓일 뿐이에요. 좋은 기타란 내 수준에 맞는 기타이자 나와 궁합이 맞는 기타라고 생각합니다."

우리의 입맛을
세계에 수출한다

애주가들이 최고로 꼽는 술안주 중 하나인 골뱅이는 인터넷에서 이메일 주소를 쓸 때 사용하는 '@'의 별칭으로 불릴 정도로 우리나라에서 각별한 사랑을 받는다. 〈유성물산교역〉은 골뱅이 통조림 분야에서 국내 시장 점유율 63%로 단연 1위 기업이다. 외국에서는 일본인과 프랑스인 일부가 골뱅이를 먹는 정도인데, 전 세계 골뱅이 소비량 5500여 톤의 80% 가량인 4500여 톤이 한국에서 소비되는 점을 감안하면 '한국 1등'은 세계 정상이라 할 만하다. 창업주 강순걸 회장(74)에 이어 2003년부터 3형제 중 장남인 강승모 대표(47)가 〈유성물산교역〉의 가업을 잇고 있다.

쫄깃한 골뱅이를 찾아 영국 해안까지

평양이 고향인 창업주 강순걸 회장은 해방 이듬해께 서울로 와 동대문 인근에서 신문팔이, 담배팔이로 생활비를 벌어가며 서울대 법학과를 졸업했다. 대학을 졸업하던 1959년 무역 회사인 〈천일무역〉에 들어가 홍콩의 화교를 대상으로 인삼 등 한약재를 수출하면서 무역업무를 배웠다. 그 후 1965년 강 회장은 서울 명동에 책상 2개와 직원 2명을 두고 한약재를 수출하는 〈유성물산교역〉을 차렸다.

유동골뱅이 통조림을 들고 있는 강승모 대표

그곳에서 화교들이 준 정보로 1968년 냉해 피해를 입은 일본에 팥을 수출해 큰돈을 벌었고 이를 밑천삼아 사업을 늘려나갔다. 한번은 일본에 돼지(생돈)까지 수출했었는데 운송 과정에서 죽는 것을 보고 많은 눈물을 흘린 적도 있었다.

1972년에는 강원도 묵호(현 동해시)에 오징어채 가공 공장을 세웠고 1974년부터는 통조림(꽁치, 복숭아) 사업으로까지 확장했다. 이런 강 회장이 잘나가던 기존 사업을 접고 골뱅이 통조림 사업으로 한 우물을 파기 시작한 것은 쫄깃한 골뱅이 육질 맛을 접한 1980년이었다. 골뱅이 통조림이 인기를 끌자 1980년대 중반 이후 가공업체들이 20여 개로 늘어났다.

이 같은 상황에서 1990년 이후 동해안에서 잡히던 골뱅이가 고갈되기 시작했다. 선주들에게 선수금을 줘도 원하는 만큼의 물량을 확보하기가 어려웠다. 이는 가격 상승으로 이어져 골뱅이 구입 가격이 1980년대 줄곧 킬로그램당 800원대이던 것이 1990년 들어서 3,600원으로 뛰었다. 이때 대부분의 골뱅이 통조림 업체들이 문을 닫았다. 이 같은 상황에서 강 회장은 골뱅이를 확보하기 위해 해외로 눈을 돌렸다.

동남아부터 북유럽, 남미까지 웬만한 지역은 다 다녀왔다. 값도 싸고 물류비 부담도 덜한 중국과 베트남 인근 바다에서 잡히는 골뱅이로 돌파구를 찾으려 했지만 여의치 않았다. 이 지역 골뱅이는 수온이 높은 데서 자란 탓인지 맛이 비리고 육질이 물러 한국인의 입맛에 맞지 않았던 것이다.

위기 상황에서 강 회장을 살린 것은 영국산 골뱅이였다. 영국 해안에서 잡히는 골뱅이가 우리 입맛에 제격이라는 소식을 접한 강 회장은 1993년 초부터 이를 들여왔다. 골뱅이를 식용으로 하지 않는 영국인들은 일부 식도락가들이 찾는 프랑스에 수출할 목적으로 골뱅이를 잡았다. 당시 영국에서는 한국에 수출할 골뱅이 가공 공장만 20여 곳이 생길 정도로 성황을 이뤘지만 외환 위기 때 한국에서 수입하는 물량이 3분의 1로 줄어들면서 영국의 골뱅이 가공 공장 중 절반 넘는 곳이 문을 닫았다고 한다.

공직 버리고 경영자의 길로

강승모 대표가 가업을 잇게 된 것은 강 회장이 2002년 7월 뇌출혈로 쓰러졌기 때문이었다. 가족회의를 열어 당시 재정경제부 국제금융국 금융협력과장으로 있던 강 대표가 회사를 맡기로 했다. 가업을 버리면 결국 회사를 매각할 수밖에 없다는 결론 때문에 고민 끝에 공직을 그만둔 강 대표는 이듬해 2월 대표로 취임하면서 회사에 변화를 주었다. 우선 회계시스템 전산화, 급여의 은행 자동이체, 이메일 활용, 전자결재 시스템 등을 도입했다.

고성에 35억 원을 들여 8910제곱미터 부지에 연건평 5280제곱미터 규모의 세계 최대 골뱅이 통조림 공장(1일 6만 캔 생산)도 세웠다. 또 요리사를 채용해 세계인 누구나 부담 없이 즐길 수 있는 다양한 골뱅이 요리를 개발하는 등 골뱅이 글로벌화에도 노력하고 있는데, 이는 골뱅이 요리를 비빔밥처럼 세계인이 찾는 한국의 대표 요리로 만들고 싶기 때문이다.

최근에는 북한산 골뱅이도 들어외 껍데기째로 수산물 전문 식당에 공급하고 있으며, 소량이지만 동해안에서 잡히는 골뱅이와 꽁치·황도 통조림도 생산한다. 2009년 매출 목표는, 주로 교민을 상대로 한 수출 220만 달러를 포함해 550억 원이다.

유성물산교역 2대

강승모

"첫 출근부터 쩔쩔맸죠. 어음을 난생 처음 봤으니….'

강승모 대표는 매일 아침 출근해 출고 직전에 있는 골뱅이 통조림을 먹는 것으로 하루 일과를 시작한다. 대표이사가 된 뒤 해외출장 등 부득이한 사정을 제외하고는 하루도 거르지 않고 이 일을 반복하고 있다. 골뱅이가 제 맛을 내는지를 직접 확인하기 위해서이다.

"골뱅이 통조림은 살균을 위해 고열을 가하기 때문에 3개월 정도 숙성돼야 맛이 가장 좋습니다. '유동 골뱅이'는 소비자가 가장 맛있게 먹을 수 있도록 유통 과정을 고려해 생산된 지 일주일 정도 지난 뒤 시장에 내놓습니다."

강 대표는 애초 고위 공무원이 꿈이었다. 서울대 경제학과에 재학 중이던 1984년 행정고시 28회 재경직에 합격한 그는 조달청 사무관(원자재 정부비축사업 담당)으로 공직 사회에 첫발을 내디뎠다. 이후 경제기획원에서 금융실명제, 토지공개념 입법 등의 업무를 맡았고 재정경제원에서는 경제개발 정책 및 경제협력개발기구(OECD) 가입 협상 실무를 담당했다. 또 재정경제부 금융협력과장으로 있으면서 동아시아 통화 금융 협력, 한·칠레 자유무역협정(FTA) 금융 분야 협상에 참여하는 등

요직을 두루 거쳤다. 주 프랑스 한국대사관에 근무할 때 파리정치대학에서 경제학을 전공하였으며, 2002년 경제학 박사 학위까지 받았다. 하지만 강 대표는 2003년 초 18년간의 공직 생활을 접어야 했다.

"어려서부터 부친이 하는 사업과는 담을 쌓고 살았기 때문에 경영자가 된다는 생각은 솜털만큼도 안 해봤습니다. 사실 부친께서 쓰러진 뒤 가족회의를 하고 나서 공직을 그만둔 2개월 남짓한 동안 마음고생이 컸었죠."

강 대표에게 출근은 충격 그 자체였다. 대학에서 경제학을 전공하고 외국 경제학 박사 학위까지 받은 데다 경제 담당 공무원으로 근무했던 만큼 경제 분야에서는 남들에게 뒤지지 않을 정도로 실력이 있다고 생각해왔다. 하지만 회사에 나와보니 어려운 일이 한두 가지가 아니었다. 서류조차 제대로 볼 줄 몰라 쩔쩔맸다.

"수출입 신용장, 어음 등을 난생 처음 봤고 대표가 연대 보증을 서야 하는 것도 그때 알았죠. 현실과 동떨어진 경제 관료였다는 것을 아는 순간 창피했습니다. 고객이 찾는 좋은 상품을 만들어 매출을 올리고 제때 월급을 줘야 한다는 걱정에 대표가 된 뒤 한동안 선잠을 자기도 했습니다."

강 대표에게는 직원들과의 소통도 벽이었다. 회의 때 벙어리가 된 듯 입을 꽉 다물고 있고 그저 시키는 일만 하는 직원들을 보면서 어떻게 해야 할지 몰라 냉가슴을 앓았다. 강 대표는 직원들에게 다가가기 위해 생산직원, 트럭기사들과 소주잔을 기울이며 속내를 털어놓는 대화를 통해 거리를 좁혀나갔다. 요즘은 중국 시장을 공략하기 위해서 중국어 회화 공부에 여념이 없다.

"중국 시장을 '유동 골뱅이' 황금 어장으로 만들기까지는 오랜 시간이 걸리겠지만 내 대에서 중국인의 입맛을 사로잡을 겁니다. 우리 회사 브랜드 '유동 골뱅이'는 바로 국내 골뱅이의 역사와 다름없습니다. 골뱅이를 전 세계인의 식탁에 올려놓는 게 제 꿈입니다."

세계를 향해 비상하는
종합 포장용기의 자존심

'대를 잇는 우애 경영'. 〈대륙제관〉 주변 사람들은 회사가 탄탄하게 뿌리를 내릴 수 있었던 비결에 대해 한결같이 이렇게 답한다. 박창호 총회장이 회사를 세운 뒤 박중흠, 박덕흠 두 동생이 경영에 참여했고, 이후 총회장의 두 아들인 박봉국 부회장, 박봉준 대표가 회사를 물려받기까지 50년간 경영 및 소유권과 관련한 단 한 차례의 잡음도 없었기 때문이다. 〈대륙제관〉은 생활공간 주변 어디에서든 볼 수 있는 금속 포장용기를 50년간 만들어왔다. 국내에서 가장 오래된 제관업체로 한 해 매출은 1,026억 원(2008년 기준)에 이른다. 페인트나 윤활유 캔과 같은 일반관(캔)의 50% 이상을 이 회사가 책임지고 있다. 특히 4리터짜리 각관(4각형캔)은 국내 유통 중인 10개 가운데 8개가 이 회사 제품일 만큼 용기 분야에서는 '감초'와 같은 존재이다.

50년 전 나무망치로 시작

알루미늄이나 주석도금철판 등 0.1~0.3밀리미터 안팎의 얇은 금속 박판을 갖고 원통형이나 사각형 등의 금속 포장용기(캔)를 만드는 작업을 '제관(製罐)'이라고 한다. 페인트나 엔진오일 같은 산업용품은 물론 스프레이파스, 부탄가스, 음료수 따위의 생활용품 포장에서 금속캔의 활용도가 단연 높다. 유리나 플라스틱 용기와 달리 깨지거나 불에 탈 염려 없이 장기간 안전하게 보관할 수 있어서다.

〈대륙제관〉의 창업주는 함경남도 출신으로 1948년 월남한 박창호 총회장(84). 사세청(현 국세청) 소속 측량기술자로 일하던 그는 1957년 10월 부업으로 40제곱미터짜리 고추방앗간을 개조한 캔 제조 공장을 운영했다. 이 사업에 뛰어든 계기는 친척 아저씨로부터 고정 거래처를 구해줄 테니 한번 납품을 해보라는 권유를 듣고서였다. 박 총회장은 측량기술자로 일하긴 했지만 해방 이전부터 이남을 오가며 '스루메(오징어)' 장사도 했는데, 남쪽에 사업정보가 없나 하고 왕래하다 보니 노잣돈이 필요해 사업에 관심을 갖게 됐다고 한다.

박 총회장은 6개월 뒤인 1958년 4월 서울 중구 중림동에서 〈대륙제관공업사〉를 창업했다. 전후 복구 사업이 한창이라 수요가 많아 금세 단골이 6~7개 생겼다. 옵셋 잉크캔을 납품한 〈대한페인트잉크(현 노루페인트)〉가 첫 거래처였다. 지금은 전자동 생산설비로 분당 600개씩 소형 가스캔을 뽑아내지만, 당시 제관 과정은 무척 험난했다. 수입 주석강판이 귀하다 보니 미군이 버린 버터통, 쨈통을 주워 나무망치로 하루 종일 두드려 캔을 만들기도 했다. 박 총회장은 동생인 박중흠 회장(78)과 박덕흠 부회장(76)이 경영에 합류하기 전인 1960년대 초까지 직접 생산, 영업, 배달까지 도맡아 회사를 꾸렸다.

우애 경영에 대해 박봉국 부회장은 "의견 충돌이 왜 없었겠느냐. 단지 최종 의사 결정이 내려지면 모두가 따른다는 원칙이 잘 지켜졌고, 또 원래 다들 잘 웃는 성격이다 보니 싸울 일이 없었던 것 같다."라고 웃었다. 밀양박씨 종친회 관계자는 '창업자 형제들이 하도 붙어 다녀 '박 씨 자매'라는 별명을 붙여주기도 했는데 그게 대물림을 한 모양'이라고 말할 정도다.

형제 간 우애가 더욱 각별해지게 된 데는 기막힌 사연도 있다. 한국 전쟁 때 삼 형제는 각각 유엔군, 국군, 인민군으로 참전해야 했다. 영어에 능했던 맏형은 먼저 월남한 뒤 유엔군 통역요원이 됐고, 함흥사범 출신인 둘째는 공수특전단의 전신 격인 '켈로부대' 요원으로 북파 임무를 수행했다.

박창호 총회장은 "함흥에 남아 있던 막내가 인민군으로 징병됐으니 하마터면 전쟁터에서 형제 간에 서로 총부리를 겨누는 비극이 연출될 뻔했다. 거제도 포로수용소에 있던 막내를 면회 갔던 게 아직도 눈에 선하다."라고 말했다. 회사가 법인으로 전환된 1966년 일찌감치 회사 지분을 나누고 '장자 승계' 원칙에 따라 2세들까지 지분 승계 비율이 정해질 수 있었던 것도 이런 배경에서이다.

유공과 설탕으로 성공 궤도 진입

회사는 1969년 〈유공(현재 SK)〉에 엔진오일용 용기를 납품하면서부터 안정적인 매출을 올릴 수 있게 됐다. 경쟁 입찰에서 〈유공〉 물량을 〈대륙제관〉에서 다 따낸 후 정유사 전체가 모두 〈대륙제관〉의 고객이 됐다.

〈유공〉과 30년가량 거래해왔지만 지금까지 현금결제를 해줘 큰 도움

아산공장에서 자리를 함께한 박봉준 대표(왼쪽부터), 박창호 총회장, 박중흠 회장, 박봉국 부회장

을 받고 있다고 한다. 이보다 더 큰 효자는 '설탕'이었다. 1960~70년대만 해도 명절 선물로 최고 인기를 구가하던 3킬로그램, 5킬로그램짜리 설탕깡통 수요가 많았기 때문이었다. 당시 제관업계에서는 겉모습이 예쁘다고 해 설탕깡통을 '미술관'이라고 불렀다. 비록 한 해 두 차례만 설탕 회사에 공급했지만 당시 전체 매출의 20~30%를 차지했을 뿐만 아니라 납품대금을 한꺼번에 현찰로 받았다.

가족 경영은 박창호 총회장의 장남인 박봉국 부회장(54)과 차남인 박봉준 대표(51)가 1990년을 기점으로 잇따라 참여하면서 2세들의 역할 분담 역시 자연스럽게 이뤄졌다. 회사경영 총괄과 해외 마케팅 등을 맡고 있는 박봉국 부회장은 외대 중국어과를 나와 미국에서 MBA를 마친 뒤 1992년에 귀국해 상무로 경영에 참여했다. 그는 〈대륙제관〉 부탄가스 현지판매 법인인 〈글로메스타〉 설립을 시작으로 11년간 미국에 체류하며 회사 외연 확장에 힘썼다.

박봉준 대표는 한양공대를 나와 미국에서 MBA와 공학석사를 마친 뒤 1990년 기획실 차장으로 입사, 경영 수업 13년 만인 2003년 연구생산 및 관리를 맡는 사장이 됐다. 전공인 기계공학을 살려 부친이 1986년도에 업계 처음 설립한 연구소를 확대 개편, 현재까지 업계 최다인 200여 개의 특허 및 실용신안을 확보하는 데 기여했다는 게 회사 안팎의 평가다.

하지만 호사다마일까. 1994년 코스닥시장 상장 이후 연속 흑자 행진을 벌여오다 2006년 충남 아산 공장에 대형 화재가 발생, 창고 1동이 전소되면서 70억여 원에 가까운 화재피해가 발생했다. 당시 거래처 50여 곳이 경쟁사로 납품처를 바꾸면서 200억여 원에 달하는 고정 매출이 하루아침에 사라지는 아픔을 겪었다.

회사의 존망 자체가 거론될 만큼 큰 사고였지만 직원들이 나서서 맨손으로 불을 끄는 등 희생정신을 보여주면서 내부 결속력이 오히려 단단해지는 전화위복의 계기가 됐다. 회사는 사고가 나던 그해 받을 수 있었던 2,000만 달러 수출탑을 올해에서야 수상할 예정이다.

대륙제관 2대

박봉준

〈대륙제관〉의 목표는 글로벌 종합 포장용기 업체로 도약하는 것이다. 이를 달성하기 위한 첫 전략 상품으로 올해 선보인 것이 '폭발방지 부탄가스'이다. 휴대용 가스레인지에 많이 쓰는 이 제품은 용기가 가열돼 내부 압력이 높아질 경우 머리 부분이 부풀어 올라 12개의 작은 구멍이 열리면서 가스가 자동 분출되도록 만든 세계 최초의 안전 부탄가스다.

"회사 경영에 참여한 순간부터 폭발방지 캔 개발은 용기업체의 의무라고 생각했습니다."

제품 개발을 주도한 박봉준 대표는 이뿐만 아니라 외국 유명 제관업체들도 불가능하다고 생각했던 '넥트인(Necked-In) 캔'을 개발하는 데도 성공, 세계 시장 공략 발판을 마련했다는 평가다. 사각형 용기 아래와 위를 맞춰 높이 쌓을 경우 장난감 블록처럼 밀착돼 창고보관이 용이한 데다 빗물도 들어가지 않는다는 설명이다.

박봉준 대표는 특히 현재 국내에서 쓰이는 금속캔 용기 입구에 적용된 특허 중 99%가량을 개발, 경쟁 회사로부터 로열티를 받을 정도로 기술 혁신에 많은 힘을 쏟았다. 액체가 용기를 타고 흘러내리지 않도록 뚜껑을 열면 올라오는 깔때기 모양의 '스파우트(Spout)', 이 '스파우트'를 더 길게 뽑아낼 수 있도록 2단 접이가 가능한 'W 스파우트'가 대표적이다.

10년 전 처음 수출길을 튼 이후 전 세계 50개국에 공급 중인 부탄가스(브랜드명 '맥선') 해외 판매 사업도 한층 강화할 계획이다.

"부탄가스처럼 용기와 내용물을 모두 갖춘 완제품을 전 세계 소비자들에게 공급해 올해는 1,500억 원의 매출 목표를 달성하겠습니다."

해외 마케팅을 맡고 있는 박봉국 부회장은 이렇게 강조했다.

대를 이어 성공한 젊은 부자들

지은이 | 이계주 외
펴낸이 | 고광철
펴낸곳 | 한국경제신문 한경BP
등록 | 제 2-315(1967. 5. 15)

제1판 1쇄 발행 | 2009년 11월 1일
제1판 7쇄 발행 | 2016년 7월 18일

주소 | 서울특별시 중구 청파로 463
기획출판팀 | 02-3604-553～6
영업마케팅팀 | 02-3604-595, 583 FAX | 02-3604-599
H | http://bp.hankyung.com   E | bp@hankyung.com
T | @hankbp   F | www.facebook.com/hankyungbp
등록 | 제 2-315(1967. 5. 15)

ISBN 978-89-475-2728-6 (03320)

책값은 뒤표지에 있습니다.
잘못 만들어진 책은 구입처에서 바꿔드립니다.